名师名校名校长

凝聚名师共识
回应名师关怀
打造名师品牌
培育名师群体

"魔法"学校的诞生

——中国『丑小鸭魔法公益共享学校』发展纪实

项 阳——编著

中国致公出版社

图书在版编目（CIP）数据

"魔法"学校的诞生：中国"丑小鸭魔法公益共享学校"发展纪实 / 项阳编著. — 北京：中国致公出版社，2023

ISBN 978-7-5145-1991-4

Ⅰ.①魔… Ⅱ.①项… Ⅲ.①中小学教育—网络教育—教育研究 Ⅳ.①G632.0

中国版本图书馆CIP数据核字（2022）第095309号

"魔法"学校的诞生：中国"丑小鸭魔法公益共享学校"发展纪实 / 项阳编著
"MOFA" XUEXIAO DE DANSHENG : ZHONGGUO "CHOUXIAOYA MOFA GONGYI GONGXIANG XUEXIAO" FAZHAN JISHI

出　版	中国致公出版社
	（北京市朝阳区八里庄西里 100 号住邦 2000 大厦 1 号楼西区 21 层）
出　品	北京言之凿文化发展有限公司
	（北京市昌平区超前路 35 号）
发　行	中国致公出版社（010-66121708）
作品企划	三名书系
责任编辑	陈金玉　李　舟
责任校对	魏志军
封面设计	言之凿
内文设计	李　娜
责任印制	刘贝贝
印　刷	北京政采印刷服务有限公司
版　次	2023年5月第1版
印　次	2023年5月第1次印刷
开　本	787 mm × 1092 mm　1/16
印　张	13
字　数	163千字
书　号	ISBN 978-7-5145-1991-4
定　价	58.00元

我为什么成立"丑小鸭魔法室"

这件事，我想让它变得有趣、好玩、有意义。我想让教育符合时代特征，我想让教育符合儿童本性。

当它诞生后……

有人说，它是一场"伟大的革命"，真的能成为当前教育均衡化的突破口。

有人说，它是一场"温暖的相遇"，真的能启迪网络可达的千千万万儿童。

有人说，它是一场"勇敢的冒险"，真的能创造教育界优质力量的新生态。

很多个理由交织在一起，我创办了"丑小鸭魔法室"，下面三个理由可能是最重要的动力。

一、真实：愿我的牵挂能化作永恒的真诚行动

1992年，从在江苏工作的第一天起，我就幸运地处在一个物质条件优越的环境中，接触的学生家庭经济条件都还是不错的，都是那个年代正奔向小康的家庭。一直快乐生活的我所理解的贫穷，皆来自书籍而非生活。

2002年，我第一次走进农民工子弟学校送教，才发现他们的教育资

源与我所处环境的资源有着天壤之别，无论是桌椅、书本，还是基本生活所需都十分匮乏，我很佩服这类学校的创办者，我决定尽我所能去支持他们。2006年，我正式踏上村小的支教之旅，和务工农民的孩子有了长达一年的亲密接触。他们不仅生活拮据，连精神世界也是那样贫乏。我家访时看到他们的书桌和灶台在一起，还遭遇了父辈赤膊接待我的尴尬。那一年，除了粉笔，很难有其他教学设备，书籍更是奢侈品，我所有的教学资源都来自最朴素的"蜗牛""蛋壳""黄沙""自来水"和"杂草"，孩子们给我起了"太阳妈妈"这个名字。一年的支教工作结束，为了留住我，他们攒下早餐钱给我买糖和面包，现在想起来我的眼眶仍会湿润。也就是在那一年，我有了使命感，此后走过的支教之地，都成了我的牵挂。2007年，我被调到一所崛起中的优质学校，这所被外界称为"新贵"的学校给了我做各种改革尝试的极大自由度，我尝试了所有的可能进行课堂改革，班级被我打造成"中国版巴学园"，我被孩子们热情地称为"太阳老师"，我带着满腔热情开始帮助教育薄弱地区的孩子们，开始陆续将自己用奖金购买的图书送给他们。

2012年，我来到深圳，决定将大爱教育继续下去，利用双休和寒暑假去贵州、云南、广东等地的教育薄弱地区支教。2014年在贵州支教的我在命运的安排下神奇地结识了贵州最美乡村教师，我们资助他到深圳学习，圆了他看海的梦想。这期间，我带领学校教师做教育公益，改革传统的教育评价体系。我除了带领特级教师团队工作室的成员到乡村支教，还到师范类院校做助教，到社区、企事业单位义教。

我开始不断给本校学生讲故事，还创作心语日记，这一切被我原来的学生看到了，他们的思念变得炽烈，开始不断地给我写信，期盼我回去，他们长长的文字几次让我产生了回去的念头。可深圳的孩子们也爱上了我，他们称我"太阳校长"，喜欢和我拥抱，遇到困难喜欢找我解决，每到毕业都显得极其不舍。我该属于哪里？

过去的学生帮不到，毕业的孩子管不着。乡村的孩子，离开了，帮助就少了，除了偶尔的问候、给他们寄书，我的牵挂仅限于口头。我帮助不了在支教旅途中相识的孩子，我帮助不了曾经爱我的又不断长大的学生，我帮助不了那些因距离太远而无法就读我们学校的孩子。

是否有一种办法，让我们的联系得以长久？

当教育进入网络时代，教师可以通过开直播服务于家长和孩子之后，我突然发现直播间可以赋予学校新的意义。我不仅属于乡村，也属于城市，还属于全世界的儿童，因为世界也是属于我的。

二、唤醒：愿直播唤醒千千万万儿童的自我教育

2005年，在南京师范大学校园，置身于绿树掩映的亭中，我静静思考，改变不了教育大环境就改变周围的小环境吧。我读硕士期间，上课充满激情的导师对我们说："我们可以不伟大，但要追求伟大；我们可以不崇高，但要追求崇高。"

2009年，我参加了"长三角"校长高峰论坛，提出了现今我国的教育处于"小学鲜活，中学半死不活，高中死气沉沉和大学妄想复活"的状态，在会场引起了热烈的讨论。在那之前我就开始不只关注小学教育了，18岁以下皆儿童，教育人要接受历史的检验，所以眼光要放长远，不能只着眼于一时。

所有问题，我觉得都源于教育最本质的东西——"唤醒"在教育行动中缺席了。我可以不崇高，但要追求崇高，我要将更多的孩子"唤醒"。

儿子17岁时问我："妈妈，是不是有些人来到世上注定要做一些重要的事情去改变些什么？"

我说："你认为呢？"

儿子说："我觉得是的。"

儿子的回答和我心里的答案是一致的，这是关于使命的对话！

有人说，人有三命——性命、生命、使命。如果有一天你想帮助更

多的人，想参与世界的发展，就是使命萌发了。

儿子18岁时问我："妈妈，我是不是你的希望？"

我说："你是我重要的希望，但不会是唯一的希望。"

儿子说："妈妈，你的回答让我很满意，内心的希望越多越强大，如果有无数的希望就永远不会被打败。"

我的回答和儿子心里的答案是一致的，这是关于内心力量的对话！

如果一个从事教育的人，内心装的不仅有自己的子女，还有自己教过的所有学生，甚至有在未来可能相遇、可能不遇的儿童，无论暂时美丑、无论短期贫富、无论眼前智愚，我们所有的希望倾注在他们身上，我们的希望将是巨大的，那么将无人可以毁灭我们的内心世界，人的内心力量的强大原动力正是来源于此。

我在儿子这个年龄，从没有想过如此深刻的问题，我相信他已经进入了"自我教育"状态。我的已经毕业的学生也会给我发短信、给我写信，我发现18岁以后，他们的自我教育意识都觉醒了。他们回忆小时候与我在一起的时光，总是那么清晰，我淡忘的事情他们还记忆犹新如昨日亲历。我为什么不能像帮助他们一样去帮助更多的孩子呢？

没有什么教育比"唤醒"孩子的自我教育意识更有意义。

这些公益课程以"唤醒"为目标，激发孩子无限的潜能。

三、优享：愿教育权威复兴并分享给这个时代

只有教育行家才该是教育权威，才该引领教育的发展，这点是毋庸置疑的。

一切真正的教育行家都是行走在路上的，他们谦逊低调，不断学习，总是在不断实践、不断挑战，他们甚至无暇顾及外界的评判，坚持奔走在追寻理想的道路上，他们不理睬外界对教育现状的种种质疑，甚至不愿意将时间浪费在解释上而只专注于教育。

这样的人不多，但依然有。"丑小鸭魔法室"就是这样一群人的精

神家园，是他们成长的新舞台。

这些人还有个显著的特点，他们都是被千挑万选出来的好老师，他们都有一流的专业素养，都懂大爱育人，都有奉献精神，都愿意投身公益事业，都有使命感，都愿意为教育未来、未来教育而改变自己。这样一群人可以走得很远，足够以权威的身份帮助对教育有真实需求的孩子。

国家实施新课程改革以来，加强了对教师专业化队伍的培养，各地名教师、特级教师如雨后春笋般出现，他们往往是当地教育界凤毛麟角的人物。但并非每个有证书的"人才"均为真正的人才，一个只为自己求名利的人、一个只关心自己得失的人，不可能成为教育权威。只有撇下世俗的一切，纯粹做教育的人才可能被我们信赖，才会与我们相遇。

"丑小鸭魔法室"公益项目从创意到启动，到试播，短时间内会集了全国名特优教师百余人，他们均愿意成为这个国家乃至整个世界的共享资源，他们均愿意以网络直播的形式修炼自己的"教学魔法"，让孩子在玩中学，也让自己在玩中工作。

这是一群勇敢地将自己置身于全球直播镜头前的教师，他们的组成方式在全国还是首创，这种由教育者担当主播的形式在全国还是首次尝试。

当我们看到各大培训机构铺天盖地满足家长需求和市场需求，并将知识不断灌输给学生的时候，当我们看到各类游戏主播、娱乐主播风靡网络影响孩子的时候，我们决定一起勇敢地站出来。

教育权威是动态的，是不断发展的。但大家愿意借助网络用优质、专业的实践去引领教育的发展，获取社会的信任，这不仅是对教育专业性的保护，更是对孩子的真心呵护，是对教育未来的发展的参与。

愿我们勇敢的"魔法师"能撑起一片明朗的教育天空！

目录

第一章

基本概况

一、共享学校概念简介

　　2017年1月12日，在深圳市福田区诞生了一所"丑小鸭魔法公益共享学校"，共享学校师资最初以福田区特级教师和名师为主体。3月12日，"丑小鸭魔法直播间"开播，试运行至4月，在成员的共同讨论下更名为"丑小鸭魔法室"，并申请公众号。6月1日，随着加入的成员更加丰富和多元，大家集体讨论，决定更名为"丑小鸭魔法公益共享学校"。该共享学校由"丑小鸭魔法共享室"和全国"共享名师"组成。2017年7月"丑小鸭魔法公益共享学校"成为深圳市关爱行动组委会办公室、深圳市教育发展基金会指导下的公益项目，2017年10月成为深圳市重点资助课题研究项目，2018年成为福田区教育局计划重点打造的公益教育改革项目。该共享学校最初由立志于教育信息化变革和倡导"公益教育"的特级教师发起倡议，并带领一批特级教师和一群同样有公益之心的名优教师组建信息化教学项目，是中国首个由民间发起的、以名特优教师为主播主体的互联网共享教学平台。它以单项直播、多屏互动直播、点播为主要形式，来建构真实的教学场景。这是企业给予技术支持、基金会给予赞助、政府给予扶助的公益项目，这支公益型教师队伍通过线上直播教育和线下个别指导，探索中国名特优教师资源的"共享"计划，打破传统支教、义教等模式的制约性，使公益效应的辐射面更广。直播间倡导"真实的直播、唤醒的直播、优享的直播"。

二、"丑小鸭魔法公益共享学校"项目简介

　　"丑小鸭魔法公益共享学校"由深圳市关爱行动组委会办公室（以下简称市关爱办）指导，在深圳市福田区教育科学研究院的信息技术支持下，由深圳市福田区特级教师团队发起。该项目是首个由民间发起，以名特优教师为直播主体，采用单项直播、多屏互动直播和点播等互联网共享教学模式的公益直播项目。它打破地域、时间的限制，通过互联网免费为学生、家长提供名师直播课堂，发挥优质学校和师资的最大辐射作用，助推教育均衡。项目发起人项阳现任深圳市福田区福苑小学校长，是广东省第二批"百千万人才培养工程名校长班"班长、深圳全国公选名校长、特级教师、"2018年深圳关爱行动十大爱心人物"之一。

　　2017年1月，项阳带领本区15位特级教师组建"魔法学校"，大力推广公益共享教学，倡导均衡的"公益教育"。经过两年多的努力，在市关爱办、各地教育部门和爱心企业的大力支持下，学校拥有了66个固定和移动的"共享中心"（每个线下"共享中心"的软硬件投入金额在5万元左右），3个核心线下课程孵化基地（线下学校，深圳2个、江苏1个），会集了120名公立学校的全国特级教师和广东省名师。这支献身公益的爱心教师队伍利用周末和节假日，开展线上直播教学和线下个别指导。直播内容除了幼儿园至高中阶段的各学科课程，还有中高考考前心理辅导课、高考自主招考面试辅

导课以及专门为家长群体开设的家庭教育案例分析辅导课等。

截至2019年10月底,"丑小鸭魔法公益共享学校"已公开直播课程700多节,线上点击量70多万次,线下服务学员1万余人。课程不仅被输送到广东省800多所教育薄弱地区的学校,还被捐赠至新疆喀什、西藏林芝、甘肃甘南藏族自治州等多个边远地区。

2019年7月16日、17日,"丑小鸭魔法公益共享学校"的6位校长及名师随市关爱办奔赴革命老区江西省寻乌县,为当地22所乡村学校的600位教师带去了"深度学习——未来学校的教育力""'互联网+教育'机遇、挑战与应对""小舞台大作为——谈全媒体时代的班主任工作管理"等创新教育课程,在线下培训的同时,进行网络直播,线上收看超过8000人次。

因受益学生和家长的推广,课程已传播至我国港澳台地区,以及美国、德国、加拿大、澳大利亚、泰国等国家。2018年,该项目与百度、腾讯、阿里等互联网企业推出的网络扶贫项目共同获得由中国网络社会组织联合会颁发的"2018网络扶贫优秀案例奖",2019年获中央和省网信办颁发的创新案例奖。

三、共享学校名字诞生记

直播间要开播了，这个直播间叫什么呢？我想了一个晚上，终于决定叫它"丑小鸭魔法公益共享学校"。

丑小鸭，一个流传了无数年的故事主角。

它是奋斗的代名词，它是天赋的代名词，它更是奇迹的代名词。我是听着"丑小鸭"的故事长大的，也曾被别人称作"丑小鸭"，但随着时间的流逝，凭借自身的努力，终于跻身于"白天鹅"的队伍中。也许每个人都会被贴上"丑小鸭"的标签，但只要向往蓝天，一定会有奇迹出现。

魔法，对于未成年学生极富吸引力。

它是力量的代名词，它是成功的代名词，它更是神秘的代名词。魔法让无数的不可能成为可能，魔法让无穷之力守护世界的发展与和平。也许每个学生都有魔法，只是没有遇到那个能唤醒其魔法的指引者，但只要虔诚向上，魔法一定会被唤醒。

"丑小鸭"与"魔法"相遇，只需要在全球直播间开启一场教育唤醒的旅程。同学们，如果你觉得自己是一只待蜕变的丑小鸭，如果你渴望拥有魔法般的力量，请加入我们的共享学校，在这里你将体验非同一般的成长；老师们，如果你觉得自己对职业的选择忠贞不渝，天生为教育而生，有巨大的"魔法"能唤醒学生无限的潜能，请加入我们的共享学校，在这里你将体验非同一般的成就感！

四、共享学校标识和吉祥物

（一）共享学校标识

共享学校标识

　　标识的设计者为深圳市福田区福民小学305班朱梓域家庭，他们于2017年2月将设计初稿捐赠给太阳校长个人。在多位志愿者的共同努力下，设计初稿经多次修改，被赋予了更丰富的内涵，最终由太阳校长修改审定下来。

　　最终定稿选取广为人知的黄色丑小鸭卡通形象，以魔法帽子表现魔法的奇幻，以扩散性的圆环表达声音，以球体表示地球，寓意直播间的声音向世界传播。色彩包括黄色与蓝紫色，其中以黄色为主色调，体现丑小鸭的精神面貌，寓意积极向上，而蓝紫色则代表智慧、高贵及神秘的魔法。该标识视觉表达集中，简洁易识别。

此外，福民小学很多学生家庭参与了吉祥物的设计，入围的家庭获得了太阳校长回赠的"感恩晚餐"。

（二）共享学校吉祥物

真真——真实的课堂

口号：这是真实的直播，这是魔法的直播，这是育人的直播。

设计者：福田区福民小学206号葛子睿家庭。

唤唤——唤醒的课堂

口号：这是唤醒的直播，这是魔法的直播，这是育人的直播。

设计者：福田区福民小学303号陈坤豪家庭。

优优——优享的课堂

口号：这是优质的直播，这是共享的直播，这是公益的直播。

设计者：福田区福民小学 203 号黄佳蕊家庭。

五、共享学校教育信念

实现学校对教育信息化的积极探索，探索线上线下相结合的新型学校教育模式。

利用教育信息化促进我国各地区教育均衡发展，并向国际化发展。借助互联网实现优质教育资源分享的最大化，通过公益行动支持教育薄弱地区的发展，充分凸显名特优教师的社会使命感，发挥其教育引领、资源辐射等作用，在援疆、援藏、帮扶教育薄弱地区等方面进行现代化行动探索。

培养一支教育家办学、教育家执教的未来型教师队伍，引领优秀教师通过小小直播间唤醒千万学生的自我教育，追寻时代变革中的教育创新。

更好地服务于家长的需要，探索符合时代的惠民工程，传播社会正能量，让更多人传递大爱。

第二章

组织架构

一、学校组织架构图

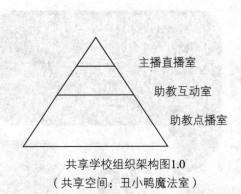

共享学校组织架构图1.0
（共享空间：丑小鸭魔法室）

校长室（项阳）

学术中心（姚莉）　行政中心（康黎）　基地中心（许颜）

学前教育、小学、初　　秘书部　宣传部　技术部　　深圳　北京　江西
中、高中各学段课程部　（刘淑晶、徐奔、冯乐清）　（孙聪、周炜、雷勋）
（周洁、王镇坤、孙国
芹、王礼芳）

共享学校组织架构图2.0（共享名师）

二、主播成员

（一）广东省深圳市福田区特级教师团队工作室知名特级教师

项阳、姚莉、王镇坤、王礼芳、李映华、黄健、郭云鹤、贾秀梅、胡爱民、张虹、穆罕莉、于才、周小凡、庄丽等。另外包括：

广东省于才名师工作室优秀成员2人；

广东省邓德坚名师工作室优秀成员4人；

广东省高红妹名师工作室优秀成员2人；

深圳市尹庆华名师工作室优秀成员3人；

深圳市张冠群名师工作室优秀成员3人；

深圳市孙国芹名师工作室优秀成员9人；

深圳市张学新名师工作室优秀成员3人；

深圳市龙岗区周东芳名师工作室优秀成员12人；

深圳市福田区李貌名师工作室优秀成员3人；

深圳市福田区傅红名师工作室优秀成员3人；

深圳市福田区康黎名师工作室优秀成员4人；

深圳市福田区范荃名师工作室优秀成员3人；

深圳市福田区赵红燕名师工作室优秀成员3人；

深圳市福田区李元琳名师工作室优秀成员2人；

深圳市池莉名专家工作室成员8人；

深圳市福田区福苑小学、福民小学骨干教师团队8人；

深圳彩儿艺术活动中心名师团成员11人；

深圳特殊领域人才8人；

中国专职从事语文软件研发的特级教师张国生；

广东省"百千万人才培养工程名教师"培养对象6人；

北京、江苏、河南、黑龙江、吉林等地名特优教师10人；等等。

（二）部分主播介绍

1. 日语、俄语、西班牙语、德语小语种系列主播

（1）杨莹——项目总负责人

启德学府多语种中心主任，中山大学汉语国际教育硕士，中山大学理学学士，对外汉语教学专家，对外汉语专著主编，拥有12年国际教育经验。

（2）张书杨（Jane）

启德学府多语种中心教学主管，武汉大学日语语言文学硕士（获全额奖学金），取得日语能力一级证书、日语专业八级证书，拥有十余年日语教学经验。

（3）陈琛（Carrie）

日本千叶商科大学硕士，大连外国语学院日语学士，取得日语能力一级证书，曾就职于伊藤忠（中国）集团有限公司。

（4）季晓罗（Lena）

广东外语外贸大学硕士（获奖学金），拥有6年德语教学经验和多年德语翻译经历。

（5）王聪聪

西北民族大学俄语学士，西安外国语大学俄语硕士，取得俄语专业八级证书，拥有俄语口译、笔译以及俄语教学经验。

（6）鲍美彤

哈尔滨师范大学西班牙语学士，马德里康普顿斯大学硕士，大学期间曾到萨拉曼卡主教大学交流，取得西班牙语专业八级证书。

2. 特色台风课程主播

（1）刘占双

育才三小老师，南山名师工作室主持人，小学数学名师。

（2）陈秋华

宝安名师工作室成员。

3. 高考专题课程主播

（1）庄丽

正高级教师，中学语文特级教师，全国语文教学能手，全国百佳语文教师，教育部课题实践先进工作者。从教30年，庄丽老师承担过大循环语文教学；参加中华人民共和国教育部新课标《风筝》一课的导学；参加过20多次省、市语文课堂展示、执教和讲学等活动；完成各级课题19个，编写教学辅导书27本，发表文章208篇。她秉承"教书即育人"的教学理念，倡导"字如其人、话如其人、文如其人"的语文素养，主张在生活中学习，信奉"让每一个学生都能进步就是最大的快乐"。

（2）周小凡

深圳市新安中学（集团）正高级教师，中学化学特级教师，全国优秀教师，深圳市十佳师德标兵，深圳市名师，深圳市首批中小学名师工作室主持人。从教近37年，周小凡老师带过20多届高中毕业班，承担国家（国培）、省、市、区级公开课达数十次，所教成都市龙泉中学郭显荣同学以化学总分147分位列1997年川渝两地高考第二名。十多年来，周小凡在高中化学导学案教学方面做了大量卓有成效的研究，在深圳及广东省内做专题报告十多场次，形成的研究文本达数百万字，有多本化学导学案已正式出版发行。他秉承"吃亏是福"的为人之道，无论在工作中还是在生活中，他永远都亲切和善，为人喜爱。

（3）张丹

就职于深圳市罗湖区翠竹中学，中学英语高级教师，硕士学历，市级英语学科带头人。从教30年，张丹老师有23年的高三英语备考经验，多次被评为市优秀班主任、优秀教育工作者等，培养出12名清华、北大学生，多次承担市区级公开课活动；能结合自身工作的特点开展科研工作，目前发表学术论文20余篇，其中国家级论文十多篇，《浅谈影响英语教学的心理因素及对策》《元认知学习策略与英语成绩的相关性研究》和《从语域的视角看英语写作的准确性》发表在国家级核心期刊《基础教育外语教学研究》上；主持省级教研课题《学习策略与英语的高效率学习途径研究》；参与编写《新标准中学生英语词汇用法全解》和《浙江省普通高中新课程英语导与学》。张丹老师秉承"为学生的发展奠基，为学生的进步喝彩"的教育理念，倡导"在做中学"的英语教学方法。

处事风格：雷厉风行，合作共赢。

4. 自主招考辅导主播

（1）李嘉文（Rachel）

启德学府校长，剑桥大学语言教育硕士（获全额奖学金），曾代表剑桥大学到耶鲁大学交换（获全额奖学金）；中山大学英语、德语双专业学士（获国家奖学金），曾代表中山大学到美国迈阿密大学交换（公费交换生）；雅思满分，德语C1。

（2）尼古拉斯（Nicolas）

昆士兰大学国际关系、哲学双专业学士，荣获TESOL国际教师资格证，精通中、英、法三国语言。

（3）吴欣琪（Stella）

福田区福苑小学新晋英语教师，深圳大学外国语学院英语师范系毕业生，曾获得校级特等奖学金、好日子奖学金（全校仅百人获得）以及"双创之星""学习之星""优秀支教队员"等称号。

5. 爱国主义课程主播

陈吉文

寻乌革命纪念馆讲解员。

寻乌革命历史纪念馆坐落于寻乌县城马蹄岗，1968年建馆，2003年重修，占地面积8000平方米。该馆是毛泽东同志1930年5月进行伟大的革命实践活动——寻乌调查的地方，是"实事求是"精神的重要发源地。馆内收藏文物200多件，内设"毛泽东同志旧居""寻乌调查"和"寻乌县革命历史展览"三个陈列馆，馆内展陈史料翔实、内容丰富，是全国爱国主义教育基地之一。

6. 党员公开课主播

小学：

（1）柯坚林

党员，福强小学校长，负责线上教学管理与STEM［科学（Science）、技术（Technology）、工程（Engineering）、数学（Mathematics）四门学科英文首字母的缩写］教学。

（2）张定远

党员，小学音乐教研员，负责音乐教学。

（3）邓曼莉

党员，名师工作室主持人，就职于福华小学，负责数学教学。

初中：

（1）徐连佳

党员，彩田学校校长，负责学校线上教学管理与学生自主学习能力培养。

（2）陈威

党员，中学生物教研员，负责PBL（Problem-Based Learning，简称PBL，也称作问题式学习）。

（3）韩方廷

党员，名师工作室主持人，负责数学教学。

7.深度学习领域探索课程主播

林会心

资深教师，早年就读于华南师范大学地理系（本科），后到中国科学院心理研究所教育心理学专业课程班（研究生）学习创新教育。负责编审深圳市教材《生命教育》（3~9级）（2009—2019年）；担任福田区首届校际辩论赛冠军队指导教师（2014年）；教育部基础教育质量监测八年级科学标定会议专家组成员（2015年）；福田区教育规划课题"初中地理微课设计与研究"负责人（2016年）；深圳中考地理命题组成员及中考试卷监测人（2018年）；主持开发增强现实技术支持的应用程序"指点地理"APP（2018年）。

8.北京线下基地心学苑课程总负责主播

许颜

北京西城区教育科学研究院研究员。多年来一直从事心智教育研究，并取得良好的教育成果。目前在北京市昌平区小金树幼儿园进行了为期一年半的心智能力发展系统课程实践，促进了教师团队与幼儿园各年龄段儿童的多元化发展，收到良好的效果。

9.其他部分名师介绍

（1）项阳老师

太阳校长，"丑小鸭魔法公益共享学校"创始人。

（2）姚莉老师

深圳市福田区下沙小学副校长，小学语文特级教师，中学高级教师，省优秀教师，省优秀春蕾园丁，深圳市优秀教师，中国家庭教育高级指导师，福田区优秀共产党员，首届"感动福田"最美教师，福田区儿童分级阅读研究核心组成员，综合实践课程核心组成员，福田区新教师培训授课教师，福田区春晖家长学校讲师团成员。其执教的语文课分获国家、省、市奖项，主持的课题研究成果获广东省一等奖、福田区教学成果一等奖，开发的"儿童分级阅读课程""红树林综合实践课程"被评为"深圳市好课程"。

（3）康黎老师

深圳市福田区福民小学副校长，福田区小学数学名师工作室主持人，小学数学高级教师，"国培计划"数学骨干教师，福田区教育研究院教师继续教育讲师，发展与教育心理学研究生课程班毕业，大学本科学历。

（4）彩乐老师

学前教育与美术教育专业毕业，全国十佳少儿创意美术老师，深圳市首届多元化幼儿美术特色教师工作室主持人，辅导的幼儿绘画作品多次获国内外大奖。

（5）王镇坤老师

特级教师，副高级教师，深圳市福田区未来教育专家工作室主持人。

（6）小草老师

深圳知名教育集团副校长，深圳市名师工作室主持人，深圳大学硕士生导师，全国奥林匹克数学竞赛教练。曾出版《积极数学》《快乐数学》《幸福数学》等专著，喜爱学生，眷恋课堂。所教班级成绩优秀，曾获区级第一名。

（7）刘颖老师

毕业于北京师范大学教育学部学前教育专业，现任深圳市第十一幼儿园教师及兼职研究员；曾参与国家级创新创业科研项目学前领域科研课题，并获得"优秀项目"称号；论文曾发表在《幼儿教育（教育科学）》上。

（8）徐艾琪老师

香港大学幼儿教育系硕士，现任深圳市第十一幼儿园教师及兼职教研员。曾参与广东省学前教育领域科研课题，读硕士期间参与《促进少数族裔儿童早期发展和学习研究》学前教育领域研究项目。

（9）余霞老师

优秀青年志愿者，深圳彩儿艺术工作室人气教师，风趣甜美，大胆有创意，善于发现和挖掘学生的无限潜能，鼓励他们，引领他们感知艺术的魅力，享受艺术的滋养。

（10）庆华老师

广东省特级教师，深圳名师工作室主持人，获深圳年度教师提名奖，潜心研究名著导读10余年，名著导读课题组负责人，"爱心书屋"公益项目发起人，部编版和人教版新教材培训师，阅读推广人。

（11）黄小梅老师

毕业于华中师范大学，小学英语教师，党员，连续3年荣获校百花奖教学比赛英语组一等奖，多次承担省、市公开课和研讨课并获得好评，其论文《小学英语游戏故事类软件使用漫谈》发表于国际级刊物《少年儿童研究》上。

（12）声声慢老师

特级教师，"丑小鸭魔法公益共享学校"成员。

（13）滕菲老师

"丑小鸭魔法公益共享学校"成员。

（14）刘淑晶老师

"丑小鸭魔法公益共享学校"成员。

（15）吴术老师

"丑小鸭魔法公益共享学校"成员。

（16）杨淑艳老师

"丑小鸭魔法公益共享学校"成员。

（17）李军超老师

"丑小鸭魔法公益共享学校"成员。

（18）蔡荣清老师

"丑小鸭魔法公益共享学校"成员。

（19）黄涛老师

毕业于湖南科技大学，康黎名师工作室成员，福田小学数学教师。推崇快乐数学，让游戏走进课堂，让学生在玩中学，在玩中思。荣获2016年福田区小学数学教学案例和课程资源开发评比活动一等奖，"2016年福田区小学数学课堂教学比赛"二等奖，2015年福田区小学数学说课比赛二等奖，海峡两岸及香港、澳门少年儿童数学邀请赛优秀教练员称号。

（20）赵红燕老师

深圳市骨干教师，深圳市优秀班主任，深圳市班主任技能大赛初中组第一名获得者，福田区名班主任主持人，曾荣获全国语文优质课大赛一等奖、省教学技能大赛一等奖，以及省教学能手、市十大杰出志愿者等称号。近5年编著4本书，其中2015年年底出版的《对话心灵》是班主任教育叙事集，书中智慧带班的案例受到广泛好评；2017年编著的《掬水留香》深受广大初中生喜爱。近10年来，先后进行了"快乐语文大课堂"教改试验和"构建幸福班级、幸福语文课堂"教改试验，收效甚好。

（21）张大帅老师

河北省特级教师，河北省优秀教师，荣获河北省第九届、第十一届教育科研成果一等奖，教育部第五届多媒体课件大赛普教系统一等奖。

（22）康蓓蕾老师

深圳市福田区福民小学教师。

（23）王佳老师

优秀"魔法"教师，孙国芹名师工作室成员，就职于深圳市莲花中学北校区。

（24）段艳慈老师

2014年12月被评为深圳市第四批名师骨干教师；2016年6月被评为深圳市高层次专业人才；2014年9月被评为2013—2014年度罗湖区教育系统优秀班主任；深圳市名师学习班成员，罗湖区名师班成员，罗湖区数学名师工作坊成员；深圳市孙国芹数学名师工作室核心成员；深圳市愈式清名班主任工作室核心成员。

（25）徐奔老师

深圳市福田区福苑小学教师。

（26）黄健老师

特级教师，国标科学教材编写组成员。

（27）樊倩老师

深圳市茉莉教育发展基金会项目负责人。

（28）傅红老师

中学英语高级教师，全国家庭教育指导师，广东省中小学新一轮"百千万人才培养工程——初中名教师"第一批培养对象，深圳市优秀班主任，深圳市中青年骨干教师，福田区优秀园丁，福田区首批首席教师，福田区英语学科首批转变教与学方式特色教师工作室主持人，福田区首批烛光天使行动流动示范岗专家指导教师。获聘福田区春晖家长学校讲师和深圳大学、广州第二师范学院教师培训实践导师。曾参加美国哥伦比亚大学、香港高峰进修学院名教师高端培训。到过贵州大方、浙江杭州，以及广东惠州、花都、河源、珠海、云浮、湛江等地授课交流。主持或参加多项国家、省、市、区级课题研究，共有38篇教育教学论文在市级以上报纸杂志发表或获奖。参与编写《初中英语口语训练》《初中英语导学新课堂》《第二课堂》等。立足英语学科特点，傅红老师探究"快乐英语"教学，建构以学生为主角的生命课堂，梳理出"快乐英语"课堂四要素，摸索出实施"快乐英语"教学的六个基本策略。其"激情、快乐、和美"的教学风格得到领导、专家、学生及家长的一致好评，在教学教研中取得显著成绩，并在市内外、省内外发挥了辐射作用。出版教学专著《新课程课堂教学"九个关注点"研究与实践》《奔跑吧，快乐英语》等。

（29）杨丽平老师

小学高级教师，党员，深圳市福田区荔园小学数学骨干教师。承担多年班主任工作，所带班级班风、学风优良，多次被评为先进班集体；任教学科成绩优秀，多次参加区级优质课比赛获一、二等奖，多次上示范课；多篇优秀的教学设计和论文在国家级、省级、市级、区级等刊物上发表或得奖；多次参与编写练习册和试卷；多次获区"优秀教师""优秀班主任"等称号。

（30）贾秀梅老师

全国模范教师，语文特级教师，国家级骨干教师。

（31）刘丛老师

龙岗区梧桐学校年级长，龙岗区优秀班主任、优秀教师，周东芳名班主任工作室成员。

（32）宋晓垒老师

紫光教育集团副总裁，紫光学校校长，高考与自主招生专家，中国科普作家协会新媒体创作专业委员会副主任，长期致力于对高考的研究，对高考与自主招生有独到见解。

（33）王丹宁老师

精华学校语文教师，资深高考专家，信息化大势中的"守旧先生"，应试化环境下的"维新教师"；连续押中2009—2012年4年高考作文题目类型；独创"丹宁作文教学法"，让考生作文不只高分，而且满分；对考生的常犯错误进行有针对性的高效训练，效果显著。被学生誉为"最了解高考作文"的人。

（34）王煦老师

深圳市第十一幼儿园教学副园长，本科学历，中国学前教育研究会会员，深圳市"育儿讲堂公益活动"讲师、培训导师。曾获深圳市热爱儿童先进个人、福田区先进工作者等荣誉称号，参与多个课题研究，有多篇论文发表并获奖。

（35）郭蕾老师

2000年毕业于哈尔滨师范大学汉语言文学专业，龙岗区名班主任工作室主持人。从教以来，曾荣获深圳市优秀教师、龙岗区首批名班主任、龙岗区首批骨干班主任、龙岗区优秀班主任、横岗街道优秀班主任、优秀教师等荣誉称号。

（36）胡爱民老师

小学高级教师（副高级），广东省特级教师，深圳市福田区天健小学校长。

（37）李貌老师

毕业于华中师范大学物理科学与技术学院通信工程专业，2011年3月获浙江大学电子与通信工程领域工程硕士学位。现为深圳市中小学创客实践室负责人、福田区机器人特色教育工作室主持人、深圳市中小学信息技术学科第二届中心组成员、深圳市初中物理教研中心组成员、深圳市科普志愿者协会理事、广东省机器人竞赛优秀辅导员、深圳市优秀科技辅导教师、福田区第五届兼职督学。近几年在深圳科技创新教育领域成绩优异，主持国家课题"中小学创客教育研究与课程开发"。所开发的课程"机器人创客教育"荣获2017年广东省中小学特色教材一等奖、2015年深圳市中小学好课程、福田区第三届教育教学科研优秀成果奖课程类一等奖，"图形化C语言编程实例与仿真""初中物理实验微课课程"荣获2016年深圳市中小学好课程。所带的皇岗中学机器人社团荣获深圳市中小学优秀科技社团，多次参与全国、省、市、区各级教育部门举办的机器人竞赛的组织、策划等工作。所辅导的皇岗中学机器人队参加各级机器人竞赛，荣获世界青少年机器人邀请赛季军和最佳设计奖，多次在国家级竞赛中荣获一等奖。

（38）月亮老师

"丑小鸭魔法公益共享学校"成员。

（39）彭丽娟老师

"丑小鸭魔法公益共享学校"成员。

（40）彭丽霞老师

"丑小鸭魔法公益共享学校"成员。

（41）杨利荣老师

优秀青年教师，"丑小鸭魔法公益共享学校"成员。

（42）克里斯（Chris）老师

优秀英文教师，"丑小鸭魔法公益共享学校"成员。

（43）雪莉（Sherry）老师

优秀英文教师，"丑小鸭魔法公益共享学校"成员。

（44）咖啡老师

南粤名师，"丑小鸭魔法公益共享学校"成员。

（45）潘潘老师

深圳市福田区康黎数学名师工作室成员。热爱数学教学，善于结合信息技术进行教学，希望每个学生在自己的课堂中都能获得成长。

（46）黄春慧老师

从教7年，从事社区文化推广工作7年，组织过上千场讲座及文体活动，曾获深圳市龙岗区教学基本功大赛第一名，以及教育先进工作者、罗湖区先进社区文化工作者、优秀义工等称号。

（47）丽娜（Lina）老师

深圳市优秀教师，热爱数学教学，喜欢和学生讨论数学问题。

（48）方舟老师

荣获广东省中青年教师数学问题讲授特等奖、深圳市中小学教师教学基本功模拟上课技能初中组特等奖、中学数学教师首届命题比赛初中组特等奖等。

（49）林子老师

中学数学高级教师，深圳市优秀班主任。善于发现和挖掘学生的潜能，鼓励学生，引领学生感知数学的魅力，享受数学的滋养。

（50）天使老师

特级教师，全国模范教师，国家级骨干教师，深圳彩儿艺术工作室人气教师。教学风格风趣甜美，大胆有创意。

（51）风筝老师

龙岗区名班主任，骨干教师，区家庭教育讲师。

（52）娟娟老师

龙岗区骨干班主任，周东芳名班主任工作室首席成员。

（53）东芳老师

市优秀教师、优秀班主任，首个区名班主任工作室主持人，家庭教育指导师。

（54）罗彩京老师

龙岗区信义假日名城小学学生成长中心主任，龙岗区首批骨干班主任，区先进教育工作者，周东芳名班主任工作室成员，深圳市优秀班主任。

（55）陈炯姗老师

毕业于北京师范大学教育学部学前教育专业，现任深圳市第十一幼儿园研究员；曾任幼儿园一线教师，获深圳市福田区教育工作先进个人称号；作为主要负责人或课题主持人参与多项课题研究，并有多篇论文获奖；参与主编"多元发展型课程"系列"幼儿园领域活动与指导""亲子活动与指导"等。

（56）赖丽霞老师

毕业于华南师范大学，中级教师，康黎名师工作室成员，现任教于福田区彩田学校。曾获福田区优秀中队辅导员称号、福田区"教与学方式转变"教学活动比赛一等奖、福田区教学技能比赛二等奖；曾辅导学生多次获得市、区七巧板比赛一、二、三等奖，获得优秀指导教师称号。喜欢数学，更喜欢与学生一起学数学，每一次探索、每一次成功解决问题总有着满满的成就感。让数学教学变得更有趣，让学数学变得更轻松愉快，是其在教学上一直努力追求的方向。

（57）郑晓萱老师

2014年毕业于华南师范大学，小学一级教师，康黎名师工作室成员，现任教于彩田学校小学部。

（58）竑岚老师

小学科学特级教师，深圳市福田区项阳特级教师团队工作室成员，国标小学科学教材编写组成员。

（59）张美玲老师

福田区福民小学高级教师，广东省南粤优秀教师，30年教龄金牌教师，中国家庭教育高级指导师，福田区春晖家长课程讲师，擅长小学阶段家庭教育指导。

（60）李敏老师

福田区侨香外国语学校语文教师、班主任，福田区十佳班主任。

（61）汤晶晶老师

福田区外国语学校语文教师、班主任，深圳大学研究生毕业。

（62）冰棒老师

教育硕士，中学语文高级教师，教育戏剧高级讲师，《一人一故事》演员，创办了深圳第一个公益性青少年剧团——初剧团。

（63）奎妮（Queenie）老师

优秀英文教师，"丑小鸭魔法公益共享学校"成员。

（64）高云老师

深圳明德实验学校数学教师，毕业于湖北师范大学数学与应用数学专业。从事教育工作5年，先后获得优秀班主任、优秀教师等荣誉称号。

（65）刘春艳老师

"丑小鸭魔法公益共享学校"成员。

（66）刘欢老师

"丑小鸭魔法公益共享学校"成员。

（67）吴锦绣老师

喜欢阅读、旅游，喜欢用文字记录生活，是一位有教育情怀的人民教师。曾两次被评为区优秀教师，多次承担区公开展示课。2012年获得深圳市首届微课比赛二等奖；2016年获得区录像课比赛和课堂教学比赛第一名、市现场课堂教学比赛二等奖。

（68）杨兰芳老师

"丑小鸭魔法公益共享学校"成员。

（69）曹雅婷老师

省骨干教师，"丑小鸭魔法公益共享学校"成员。

（70）薛强老师

名教师，"丑小鸭魔法公益共享学校"成员。

（71）李楠老师

福田区教育科学研究院班主任教研员，特级教师，广东省名班主任工作室主持人。

（72）夏冰老师

老墨家族创始人。老墨家族常以老墨爷爷、老墨叔叔和小墨一家三代一起聊天讲故事的方式，演绎世界经典童话，讲演中国传统文化、国学知识等，使学生在潜移默化中受到中国传统文化的熏陶。

（73）梁莉老师

美术名师，周洁工作室成员。

（74）王宇浩然老师

深圳大学建筑学硕士，深圳大学辩论队队员。有丰富的教学经验。主讲认知提升，善于帮助学生建立持续的自我管理提升计划。

（75）吴艳芳老师

本科学习国际经济与贸易专业，硕士就读于深圳大学人文学院哲学专业。曾在本科新生杯辩论赛获得最佳辩手奖，取得大学英语六级证书、英语三级翻译证书。擅长批判性思维、时间管理和学习规划技巧等课程。

（76）彭思兰老师

深圳市幸福家庭种子师资讲师，龙岗区教育系统家庭教育讲师，龙岗区首届幸福家长学校执行讲师，深圳市队长学校导师，龙岗区骨干班主任，名师工作室成员。

（77）李红娟老师

华中师范大学附属龙园学校英语教师，龙岗区首批骨干班主任、优秀教师，周东芳名班主任工作室成员，龙岗区家庭教育专业执行讲师，深圳市幸福家庭教育中级讲师。

（78）陈纯英老师

龙岗区梧桐学校德育处主任，区优秀班主任、先进教育工作者，周东芳名班主任工作室优秀成员。

（79）周洁老师

"多元化幼儿美术体验与实践研究"课题主持人，全国十佳少儿美术创意教师。

（80）商中萍老师

福田区外国语学校语文教师，福田区优秀班主任。

（81）江卓妮老师

龙岗区周东芳名班主任工作室成员，龙岗区家庭教育指导中心讲师，龙岗区优秀大队辅导员，龙岗区优秀教师，龙岗区横岗中心学校大队辅导员。

（82）杨坤老师

红岭教育集团石厦校区教师。

（83）袁卫星老师

中学语文特级教师、正高级教师。

深圳市新安中学（集团）第一实验学校党总支书记、校长，新教育研究院新生命教育研究所执行所长。曾获全国教育改革创新先锋教师、江苏省"五四杯"十杰名教师、苏州市教育领军人才等称号。著有《心存敬畏》《做一个理想教师》等专著十余部，与朱永新、冯建军共同主编《新生命教育》实验用书一套，共22本。

（84）韩望喜老师

北京师范大学学士、硕士，中国人民大学哲学博士，香港中文大学访问学者，中国外交部候任外交官，深圳市儒家文化研究会会长。

1990年师从中国人民大学副校长、中国伦理学会会长罗国杰教授，1993年获得博士学位。精通英语，能阅读日、法、德、俄文。作为主要研究人员，两次组织国家社科基金项目。专著《善与美的人性》《大型儒家文化交响乐——人文颂》由人民出版社出版并重印。中央电视台理论专题片《道德的力量》主要撰稿人之一，《深圳市民行为道德规范》主要执笔人之一。

自2005年1月起，兼任深圳电台新闻频率FM89.8《希望对话》栏目的嘉宾主持，讲述先秦诸子超过300讲，两次获得广东省理论宣传电台节目一等奖。电台讲座的收听率在该频率节目中名列第一。作为中国教育电视台1台《师说》节目的主讲嘉宾，于2007年十一节假日期间讲授了《心灵的和谐》系列节目（7期）。2013年在央视《百家讲坛》录制"韩非子12讲"。2014年，中华书局出版《韩望喜正解中华经典》。2019年，在凤凰卫视世纪大讲堂开展"走近心学：掌握中华文化的根基"讲座。

2008年，创作完成大型儒家文化交响乐《人文颂》。《人文颂》是中华文化走出去的品牌作品，2013年9月21日在联合国教科文组织总部巴黎主会堂演出，获得极大成功。2014年8月在中国台北国父纪念馆、台中惠荪堂、高雄至德堂巡演三场，获得高度赞赏。这两次演出均在央视《新闻联播》中报道。2014年8月17—22日在东欧演出，9月22日在纽约联合国总部演出。

（85）Tony Xing Tan

毕业于哈佛大学教育学院人类发展与心理学系，获得博士学位，被聘为哈佛大学学生申请面试官。

现就职于南佛罗里达大学教育学院——教育和心理学系终身教授，并任南佛罗里达州大学教师奖励委员会会长。

现担任美国心理学会会员、美国教育研究协会会员、儿童发展研究学会会员、人类发展研究学会会员、国际行为发展研究学会会员、美国*American Journal of Orthopsychiatry*杂志作家、美国*Adoption Quarterly*杂志作家、美国*Journal of School Connections*杂志作家等。

（86）蓝冰老师

小学数学特级教师。

三、"丑小鸭魔法公益共享学校"主播公约

公约起草："丑小鸭魔法公益共享学校"（简称DM共享学校）

公约期限：2017年7月9日—2019年12月31日

　　"丑小鸭魔法公益共享学校"是中国首个共享学校，是由富有爱心、教学有魔法、愿意分享的优秀教育者组成的民间公益团队，大家立志团结起来，实现名特优教师作用的最大化发挥，通过"名师共享"的公益直播课程，创造未来型学校——共享学校。为使团队健康、良性、持久发展，现制定如下公约：

　　1. 主播要忠诚于党的教育事业，愿意投身于教育公益。主播要注意自己的言行合法合规：不允许主播在直播过程中散布反党、反社会、反和平言论，不允许出现违背师德的不文明言论，否则个人将承担由此产生的一切后果。

　　2. 主播要不断学习，准确判断教育未来的发展趋势，课堂富有魔法，对学生有大爱。

　　3. 主播自愿勇敢地以开放的姿态分享真实的原生态课堂，承诺坚持公益，不向学生收取任何费用。

　　4. 主播要配合公益项目的管理，遵守直播时间，不可缺席，如临时有事，需提前一周与宣传部老师沟通（由康蓓蕾老师负责）；新主播的简介、照片、课程设置介绍需提前一周告知负责公众号宣

传的老师［公众号由甜蜜而（网名）负责］；线下嘉宾由宣传部老师（康蓓蕾）负责，若有特殊需求需提前一周告知。

5. 当直播间配齐设备后，主播须穿着指定服装授课，注意"丑小鸭魔法公益共享学校"品牌形象的打造，注意个人品牌课程的形象塑造。

6. 公益主播在正常工作时间外进行公益直播，本项目方为其办理意外保险，主播承诺自愿参与公益项目。若有安全事故发生，事故产生的赔偿金由保险公司承担，与本公益项目方无关。

7. 每学期正式开播前一周发布本学期总课表，若预定日期遇到特殊困难不能直播，可采用如下四种预案：

（1）提前一周发信息给宣传部，告知时间调整。

（2）通过和工作室成员的互助，替代原主播，时间不变。

（3）和课表中的同学科、同年段老师调换课程时间。

（4）提前录播，当日准时播放。

如以上方案都不能实施，再启动停播或延后直播流程（预案要告知康蓓蕾老师）。因所有人员（包括服务人员）均为兼职做公益，主播需主动参与活动并熟知流程，避免给团队其他成员带来麻烦。对于由自身原因造成一次都没有参加直播，或一次都不能准时参加共享学校活动的，或不能积极主动跟随主播队伍历练和成长的人员，经公益项目主要管理团队集体讨论后，取消主播资格（因项目硬件条件不具备导致不能直播的除外）。

四、技术运营支持方案

由深圳市三三得玖教育科技有限公司提供技术运营支持方案。

（一）知识管理

功能介绍：直播、课程、图文、音频、视频，是知识内容的基本内容形式。

图文内容的主体是线上阅读文章及图片；音频内容的主体是线上收听的音频；视频内容的主体是线上观看的视频；图文、音频、视频的内容都有图文详情，在图文详情中，可以插入图片、视频、超链接，以丰富的形式介绍自己的内容。

1. 开启直播

直播是一种实时讲课的形态，除了通常的图文、音频、视频内容，也可以采用直播的方式讲述内容。

2. 直播编辑

编辑界面中有直播名称、直播简介、直播时间、直播封面和上架设置五个必填项。

（1）内容分类

直播支持分类设置，可自定义三级分类，将内容按分类进行管理查找。

（2）关联课程

创建课程后，可将直播或其他知识内容直接添加至课程作为一节内容。

（3）直播提醒

支持直播提醒设置，订阅直播内容后可接收到直播开始的提醒通知。

（4）内容隐藏

支持隐藏设置，设置隐藏后该直播将不会在前端作为单品显示，但不影响链接地址访问以及关联的课程。

（5）授权学习套餐权益

希望设置该直播获得学习套餐的用户，勾选"授权学习套餐权益"即可。

（6）内容观看权限

若对直播有观看权限要求，可进行权限设置。

允许所有人预览（公开）：用户不用身份验证即可预览内容。

只允许内部成员预览：用户需要身份验证，只有该学校内部成员才可预览内容。

手机号观看权限：用户手机号验证通过即可观看内容。

密码观看权限：用户输入密码即可观看内容。

非公开权限：所有用户都无法观看。

（7）组员设置

可以针对特殊场景从用户管理中选择分组，属于该分组且满足权限的用户才可浏览相应的内容。

（8）讲师设置

直播列表操作栏支持讲师设置。设置了讲师后，该讲师将能收到直播任务通知。

（9）查看讨论

如果该直播内容允许发表评论，则可查看所有评论，并可对评论进行公开回复、发送私人消息、禁言和加入黑名单等操作。

（10）内容分享

支持分享方式：二维码、复制链接地址。

回放视频的导出：直播结束后，可以导出视频到本地（前提条件是直播为回放状态且转码已经完成）。

3. 课程

（1）功能介绍

课程是一种知识内容的组合形式，将音频、视频、图文、直播、课件、题库等内容组合成一个课程系列。

（2）内容管理

用户新建课程后，可跳转至内容管理页面添加单品内容，支持添加的内容包括直播、视频、图文、音频、课件、题库等。

（3）内容排序

如果对课程中的知识内容排列有要求，可以点击"排序"进行自定义序列呈现。

4. 栏目管理

知识管理中的栏目是装修栏目组件的快捷入口，点击"界面装修/栏目组件设置/栏目内容来源"中的一个可选择已经创建好的栏目。

（二）课程表管理

1. 课程表主页面

主页面呈现学校管理员为各班级编排的课表，可对课表进行统一的课表时间设置、课表学期区间设置，也可对单个课表进行编辑、排课、下发、下载、删除等操作。

2. 创建课程表

创建一条新的课表。

3. 下载课程表模板

下载课程表模板到本地，然后根据格式填入排课信息，可以节省大量时间。

（1）课表名称、学年、上课节次、课程名称、周期、周期区间为必填项。

（2）周期的信息填写格式：周一、周二、周三、周四、周五、周六、周日。

（3）周期区间填写格式：开始周至结束周、单周、双周、数据周。

（4）节次信息：课程安排的第几节课。

（5）请确定平台有没有绑定智慧教室，如果有填写"是"。

（6）智慧教室的地点填写格式：校区—教学楼—教室。

4. 课程表导入

点击"导入课程表"，设置好课表名称和学期区间，然后选择本地已经按课程表模板填好的课程表，即可自动生成一条课表信息。

5. 课表时间设置

点击"课表时间设置"，弹出课时设置对话框，系统默认给出每天14节课的上课时间段，可根据学校实际情况填写每一节课对应的时间段，点击"确定"后列表内所有课表的时间段都将改变。

6. 学期设置

点击课程表主页面的"学期设置"，可根据学校实际情况修改时间段，修改后列表内所有课程表的学期时间段将同步修改。

7. 课表编辑

点击"单个课程表"后面的"编辑"，可对课表名称进行修改。

8. 课表排课

点击"单个课程表"后面的"排课"，进入课表排课界面，节次、课程编号、课程名称、周期、周数都为必填项。单击右键可进行删除和新建信息。点击保存，课表会按要求生成，状态会由"课表生成中"变为"正常状态"。

（三）数据统计

如果想了解自己发布的内容的点击量、访客数、访客分布等数据信息，可在数据统计模块中进行查看。

数据统计各项指标含义：

在主界面可查看不同时间段的内容播放量、访问量、访客数、平均观看次数、平均观看时长及访客地域分布。

播放量：用户点击播放视频的次数。

访问量：知识内容的访问数。

访客数：访问知识内容的独立用户数。

平均观看次数：播放量/访客数。

平均观看时长：访客播放视频的平均时长。

访客地域分布：访问知识内容的用户的地域分布图。

点击"数据统计"进入统计界面，即可查看相关统计数据。

（四）素材管理

知识内容使用的素材可以来自素材库，也可保存在素材库以备他时使用。

（五）分类管理

分类支持三级自定义编辑。

1. 编辑三级分类

点击"分类模块"，进入分类管理界面。

在输入框输入分类的名称然后点击"添加"，则分类添加成功，也可上下拖动分类来排列上下位置或者进行重命名和删除。

2. 多级分类关联

选择"父级分类项"，勾选"子级分类项"，即可完成多级分类关联。

3. 内容分类

进入内容编辑页，选择"分类"，即可完成内容分类操作。

（六）日志

对管理员的关键操作时间点进行记录，方便日后进行溯源。

第三章

3

1
2
3
4
5

课程建设

一、课程安排表

2017年上半年课表（2017年2月—7月）

序号	姓名	称号	单位	公益课时	获奖（其他为公益主播课时证明）	课程	针对年段/授课对象
1	项阳	特级	福田区福民小学	24	最受欢迎主播（点击量最高）	主题课程"太阳校长讲故事"/高三自主招考课程/主题课程"大阅读"	小学/高三/小学高段
2	康黎	名师	福田区福民小学	9	最佳课程设计主播（主题课程设计者）	主题课程"数学豆豆园"	小学低中段
3	刘春艳	优师	福田区福民小学	1		主题课程"数学豆豆园"	小学低中段
4	潘妮娜	优师	福田区莲花小学	1		主题课程"数学豆豆园"	小学低中段

续表

序号	姓名	称号	单位	公益课时	获奖（其他为公益主播课时证明）	课程	针对年段/授课对象
5	高云	优师	深圳市明德实验学校	1		主题课程"数学豆豆园"	小学低中段
6	郑红芳	优师	福田区园岭小学	1		主题课程"数学豆豆园"	小学低中段
7	杨丽平	优师	福田区荔园小学	1		主题课程"数学豆豆园"	小学低中段
8	孙国芹	名师	深圳市红岭教育集团	2	最有爱心主播（主题课程设计者，线下授课最长）	主题课程"积极数学"	初三
9	段艳慈	名师	深圳市东湖中学	1		主题课程"积极数学"	初三
10	林秋璇	名师	福田区翰林实验学校	2		主题课程"积极数学"	初三
11	卓丽娜	名师	宝安区新湖学校	1		主题课程"积极数学"	初三

续表

序号	姓名	称号	单位	公益课时	获奖（其他为公益主播课时证明）	课程	针对年段/授课对象
12	王佳	名师	福田区莲花中学	1		主题课程"积极数学"	初三
13	马方舟	名师	福田外国语学校	1		主题课程"积极数学"	初三
14	张国生	特级	国泰安教育技术股份有限公司（学校退休返聘）	8	最佳课程设计主播（主题课程设计者）	主题课程"张大帅讲汉字"	中小学
15	李映华	特级	福田区荔园小学	2		个性课程之数学	小学
16	崔冰	优师	福田区狮岭小学	2		个性课程之戏剧	小学
17	王镇坤	特级	园岭实验小学	1		个性课程之数学	小学
18	贾秀梅	特级	福田区荔园南校	1		个性课程之语文	小学
19	黄健	特级	福田区益强小学	1		个性课程之科学	小学

续表

序号	姓名	称号	单位	公益课时	获奖（其他为公益主播课时证明）	课程	针对年段/授课对象
20	郭云鹤	特级	福田区益强小学	1		个性课程之语文	初中
21	尹庆华	特级	龙岗区福安学校	1		个性课程之语文	初中
22	傅红	名师	福田区梅山中学	1		个性课程之英语	初中
23	胡爱民	特级	福田区天健小学	1		个性课程之数学	小学
24	盛妹	优师	福田区福民小学	1		高三自主招考创新课程	高三
25	梁秋婷	优师	福田区福民小学	1		高三自主招考创新课程	高三
26	吴术	优师	福田区福民小学	2		个性课程之语文/家长课程	小学
27	徐奔	优师	福田区福民小学	1		家长课程	小学
28	杨淑艳	优师	福田区福民小学	2		个性课程之数学/家长课程	小学

续表

序号	姓名	称号	单位	公益课时	获奖（其他为公益主播课时证明）	课程	针对年段/授课对象
29	刘淑晶	优师	福田区福民小学	1		个性课程之数学	小学
30	滕菲	优师	福田区福民小学	1		个性课程之语文	小学
31	李军超	优师	福田区福民小学	1		个性课程之英语	小学
32	蔡荣清	优师	福田区福民小学	1		个性课程之数学	小学
33	张美玲	优师	福田区福民小学	1		个性课程/家长课程	小学
34	樊凌峰	优师	福田区福民小学	1		高三自主招考创新课程	高三
35	黄小梅	优师	深圳市螺岭外国语实验学校	1		个性课程之英语	小学
36	李楠	特级	福田教科院	1		个性课程之习惯养成	小学
37	周东芳	名师	龙岗区街道梧桐学校	1		家长课程	小学

续表

序号	姓名	称号	单位	公益课时	获奖（其他为公益主播课时证明）	课程	针对年段/授课对象
38	李红娟	优师	龙岗区中海怡翠学校	1		个性课程之假期规划	小学
39	樊凌峰	优师	龙岗区平湖外国语学校	1		家长课程	小学
40	周洁	名师	深圳市第二幼儿园	1		个性课程之幼儿艺术	幼儿园
41	康黎	名师	康黎名师工作室暑期公益课程	8		个性课程	小学数学
42	徐连佳	名校长	"蓝粉笔"乡村支教直播课程	18		个性课程之语数英	小学、初中、高中

2017年下半年课表（2017年9月—12月）

主题课程：根据主播的成熟度来确定，一般每月至少开一次主题课程			
序号	时间	主播	称号	课程名称
1	每周一次，每周五下午2：15—2：30	项阳	特级	太阳校长讲故事

续表

序号	时间	主播	称号	课程名称
2	每周一次，每周六 上午9：10—9：50	项 阳	特级	大阅读
3	每月一次，每月第三周的 周六晚上7：30—8：30	项阳、麒麟 博士、赵 红燕	特级	美点时刻
4	每周一次，每周六 上午9：10—9：50	康黎及团队 成员7人	名师	数学豆 豆园
5	每月一次，每月第三周的 周六晚上7：30—8：30	康黎及团队 成员8人	名师	数学游戏
6	每周一次，每周六 上午9：10—9：50	张国生	特级	张大帅大 语文、张 大帅讲国 学、张大 帅讲汉字
7	每周一次，周五下午 2：30—3：10	邓德坚及团 队成员	名师	物理
8	每周一次，每周六 上午9：10—9：50	周东芳及团 队5人	名师	家庭教育
9	每周一次，每周六 上午9：10—9：50	孙国芹及团 队9人	名师	积极数学
10	每月一次，每月第三周的 周一下午4：50—5：30	赵红燕及团 队5人	名师	悟读人生
11	每周一次，每周六 上午9：10—9：50	张美玲	名师	家庭教育
12	每周一次，每周三 下午2：30—3：10	康蓓蕾	优师	合唱训练

续表

序号	时间	主播	称号	课程名称
13	每周一次，每周六 上午10：00—10：40	刘春艳	优师	小学数学思维风暴
14	每周一次，每周二 下午2：30—3：10	董继红	优师	二年级全课程
15	每周一次，每周二 下午2：30—3：10	徐奔	优师	一年级全课程
16	每周两次，每周六、周日 上午10：00—10：40	廉贞姬	优师	汉语拼音王国
17	每周一次，每周六 上午10：00—10：40	陈道高	特邀	动漫设计
18	每周一次，每周二 晚上7：30—8：10	王镇坤	特级	创意数学
19	每周一次，每周六 上午10：00—10：40	周洁及彩儿艺术团队	名师	科艺主题课程
20	每双周一次，每双周 周六上午10：00—10：40	姚莉、贾秀梅	特级	主题绘本阅读
21	每双周一次，每双周 周六上午10：00—10：40	李映华、杨丽萍	特级	数学名师课堂

个性课程：根据主播的成熟度来确定，一般一学期开一次个性课程。

序号	时间	主播	称号	课程名称	授课地点	适合对象
1	10月第二周周六上午 （10：00—10：40）	胡爱民	特级	数学阅读	福田区福民小学直播间	二年级

续表

序号	时间	主播	称号	课程名称	授课地点	适合对象
2	10月第三周周五下午 3：00—3：40	王礼芳	特级	初高中衔接学习方法介绍	坪山龙鹏学校直播间	高一
3	10月第三周周五下午 3：50—4：30	庄丽	特级	初高中衔接学习方法介绍	坪山龙鹏学校直播间	高一
4	10月第三周周五下午 4：40—5：10	于才	特级	初高中衔接学习方法介绍	坪山龙鹏学校直播间	高一
5	10月第三周周五下午 5：10—5：40	李元琳	名师	班主任培训、家长学校	坪山龙鹏学校直播间	家长、教师
6	10月第三周周一晚7：00—8：30	贾晓伟	名师	高中心理建设	福田高级中学移动直播间	高中
7	10月第三周周六上午 10：00—10：40	傅红	名师	快乐英语	福田区福民小学直播间	八年级
8	11月第一周周六上午 10：00—10：40	王佳	名师	初三积极数学（圆与三角函数）	福田区福民小学直播间	九年级
9	11月第一周周六上午 10：00—10：40	黄健	特级	听听声音	福田区福民小学直播间	二年级
10	11月第二周周六上午 11：00—11：30	马方舟	名师	初三积极数学	福田区福民小学直播间	九年级

续表

序号	时间	主播	称号	课程名称	授课地点	适合对象
11	11月第二周周六上午 9：30—11：00	崔冰	优师	戏剧（上、下）	福田区福民小学直播间	五、六年级
12	11月第三周周六上午 10：00—10：40	林秋璇	名师	初三积极数学（二次函数等）	福田区福民小学直播间	九年级
13	11月第三周周六上午 10：00—10：40	王晓辉	名师	大阅读	福田区福民小学直播间	六年级
14	11月第四周周六上午 10：00—10：40	段艳慈	优师	初三积极数学（圆周角、圆心角问题）	福田区福民小学直播间	九年级
15	11月第四周周六上午 10：00—10：40	梁秋婷	优师	英语活动课	福田区福民小学直播间	三年级
16	12月第一周周六上午 10：00—10：40	李貌	名师	机器人游戏	福田区福民小学直播间	八年级
17	12月第一周周六上午 10：00—10：40	曹雅婷	优师	反比例函数	福田区福民小学直播间	九年级
18	12月第二周周六上午 10：00—10：40	郭云鹤	特级	绘本阅读	福田区福民小学直播间	二年级

续表

序号	时间	主播	称号	课程名称	授课地点	适合对象
19	12月第二周周六上午10：00—10：40	尹庆华	特级	名著导读	福田区福民小学直播间	八年级
20	12月第三周周六上午10：00—10：40	杨淑艳	优师	数学游乐园	福田区福民小学直播间	四年级
21	12月第三周周六上午10：00—10：40	朱国红	优师	《论语》趣谈	福田区福民小学直播间	三年级

2018年上半年课表（2018年3月—6月）

序号	日期	课节	姓名	课程名称
1	2018年3月16日	1	黄灵万	怎样描述运动
2	2018年3月17日	2	康黎	认识钟表
3	2018年3月17日	1	梁莉	果蔬拼画
4	2018年3月17日	2	刘春艳	数学思维风暴（上）
5	2018年3月17日	2	王宇浩然	学习法
6	2018年3月17日	2	高云	认识24点
7	2018年3月19日	1	温巧	中考复习——力学（一）
8	2018年3月20日	1	邓德坚	怎么比较物体运动的快慢
9	2018年3月20日	1	潘春梅	中考复习——力学（二）

续表

序号	日期	课节	姓名	课程名称
10	2018年3月20日	1	黄灵万	探究物体不受力时怎样运动
11	2018年3月21日	1	黄灵万	探究物体受力时怎样运动（第一课时）
12	2018年3月22日	1	邓德坚	复习第七章（运动和力）
13	2018年3月24日	2	彭思兰	良好的家庭教育成就孩子的一生
14	2018年3月24日	2	刘春艳	数学思维风暴（下）
15	2018年3月24日	1	梁 莉	多彩印画
16	2018年3月24日	2	刘 丛	夫妻关系对孩子教育的影响
17	2018年3月24日	2	潘春梅	中考复习——光学
18	2018年3月24日	2	吴艳芳	学习法（总论）
19	2018年3月26日	1	黄灵万	探究物体受力时怎样运动（第二课时）
20	2018年3月27日	1	潘春梅	中考复习——物态变化
21	2018年3月28日	1	黄灵万	复习第七章（运动和力）
22	2018年3月29日	1	黄灵万	第六章、第七章知识检测分析
23	2018年3月31日	2	林婉纯	如何与青春期孩子沟通
24	2018年3月31日	1	匡乐逸	8B Unit3 Body language
25	2018年3月31日	2	黄 健	动物的卵（科学）

续表

序号	日期	课节	姓名	课程名称
26	2018年3月31日	2	黄 健	动物的卵（科学）
27	2018年4月2日	1	黄灵万	认识压强
28	2018年4月3日	1	温 巧	中考复习——质量、密度
29	2018年4月3日	1	潘春梅	中考复习——重力、摩擦力
30	2018年4月4日	1	黄灵万	研究液体压强（第一课时）
31	2018年4月9日	1	张国生	我的早年生活
32	2018年4月9日	1	张国生	风雨
33	2018年4月9日	1	张国生	为什么学文言文
34	2018年4月9日	1	张国生	论语微课
35	2018年4月9日	1	张国生	百草园第一节
36	2018年4月9日	1	张国生	百草园第二节
37	2018年4月9日	1	张国生	百草园第三节
38	2018年4月9日	1	张国生	百草园第四节
39	2018年4月9日	1	张国生	苏州园林1 导入激趣
40	2018年4月9日	1	张国生	苏州园林2 整体感知
41	2018年4月9日	1	张国生	苏州园林3 阅读前两段
42	2018年4月9日	1	张国生	苏州园林4 实践探究
43	2018年4月9日	1	张国生	第1讲 给文章拟个好题目
44	2018年4月9日	1	张国生	第2讲 状元文的启示
45	2018年4月9日	1	张国生	第3讲 作文的结构

续表

序号	日期	课节	姓名	课程名称
46	2018年4月9日	1	张国生	用孙子兵法学习与思考（上）
47	2018年4月9日	1	张国生	用孙子兵法学习与思考（中）
48	2018年4月9日	1	张国生	用孙子兵法学习与思考（下）
49	2018年4月11日	1	潘春梅	中考复习——简单机械
50	2018年4月11日	1	潘春梅	中考复习——机械效率、机械能及其转化
51	2018年4月14日	2	吴锦绣	数学小魔术
52	2018年4月14日	2	郑秋艳	家长有原则，孩子有规矩
53	2018年4月14日	2	曹雅婷	构建小组合作学习的游戏训练（上）
54	2018年4月14日	2	陈　纯	比较图形的面积
55	2018年4月14日	2	汪　瓒	学习法（上）
56	2018年4月14日	2	汪　瓒	学习法（下）
57	2018年4月14日	2	吴锦绣	数学小魔术
58	2018年4月16日	1	梁　莉	饭盒鱼宝宝
59	2018年4月16日	1	梁　莉	可爱的纸杯娃娃
60	2018年4月16日	1	梁　莉	雪糕棒装饰相框
61	2018年4月21日	2	康　黎	扑克牌数学游戏
62	2018年4月21日	1	梁　莉	蛋壳拼画

续表

序号	日期	课节	姓名	课程名称
63	2018年4月21日	2	李红娟	儿童心理发展及教育规律
64	2018年4月29日	1	庄 丽	2018高考冲刺课程——语文
65	2018年5月6日	2	周小凡	2018高考冲刺课程——化学
66	2018年5月14日	1	张 开	2018高考冲刺课程——英语
67	2018年5月19日	2	熊文静	逻辑绘图
68	2018年5月19日	2	包 莹	爸爸妈你们别着急
69	2018年5月19日	1	梁 莉	海绵饼干
70	2018年5月19日	2	姚 莉	母鸡萝丝去散步
71	2018年5月19日	2	曹雅婷	构建小组合作学习的游戏训练（下）
72	2018年5月26日	2	高 云	介绍牌点0、1、2、3、4
73	2018年5月26日	2	王 莹	What do you see
74	2018年5月26日	2	李映华	有趣的推理
75	2018年5月26日	1	周 洁	一只大螃蟹
76	2018年5月26日	2	贾秀梅	一分钟
77	2018年5月26日	2	谢思源	时间管理与快速阅读
78	2018年5月26日	2	巫春燕	7B Unit5　Water talks
79	2018年6月7日	1	周 洁	夏天的凉拖鞋

续表

序号	日期	课节	姓名	课程名称
80	2018年6月7日	1	周 洁	红树林上的鸟儿
81	2018年6月7日	1	周 洁	大西瓜
82	2018年6月14日	1	刘燕婷	众里寻他千百度
83	2018年6月14日	1	黄婉庆	人生设计在少年

2018年下半年课表（2018年10月—12月）

序号	时间	授课教师	课程名称	课程类别	直播/录播地点
1	2018年9月18日	邓德坚	动能和势能	初三物理	连山民族中学
2	2018年9月18日	冯洁真	构成物质的微粒	初三物理	连山民族中学
3	2018年9月19日	邓德坚	动能和势能转化	初三物理	连山民族中学
4	2018年9月20日	黄灵万	认识内能	初三物理	连山民族中学
5	2018年9月25日	邓德坚	热量与热值	初三物理	连山民族中学
6	2018年9月25日	邓德坚	电路的组成和连接方式	初三物理	连山民族中学
7	2018年9月25日	黄灵万	光世界巡行	初二物理	连山民族中学
8	2018年9月26日	蔡旭祥	怎样认识和测量电压	初三物理	连山民族中学

续表

序号	时间	授课教师	课程名称	课程类别	直播/录播地点
9	2018年9月27日	向 建	探究光的反向规律	初二物理	连山民族中学
10	2018年10月8日	杨 莹	日语、俄语、西班牙语、德语	初级小语种课程	福苑小学
11	2018年10月13日	刘春艳	数学豆豆园	趣味小学数学	福苑小学
12	2018年10月13日	郭 蕾	我会读绘本——《我爸爸》	小学语文	四联小学录课
13	2018年10月15日	张书杨	日语、俄语、西班牙语、德语	初级小语种课程	福苑小学
14	2018年10月20日	胡慧萍	数学豆豆园	趣味小学数学	福苑小学
15	2018年10月20日	Tony Xing Tan	新时代的儿童教育	家长课程	福苑小学
16	2018年10月27日	刘春艳	数学豆豆园	趣味小学数学	福苑小学
17	2018年10月27日	李红娟	认识孩子在家庭里的地位	新生家长课程	福苑小学
18	2018年10月29日	季晓罗	日语、俄语、西班牙语、德语	初级小语种课程	福苑小学
19	2018年11月3日	彭丽君	数学豆豆园	趣味小学数学	福苑小学

续表

序号	时间	授课教师	课程名称	课程类别	直播/录播地点
20	2018年11月5日	王聪聪	日语、俄语、西班牙语、德语	初级小语种课程	福苑小学
21	2018年11月10日	杨丽平	数学豆豆园	趣味小学数学	福苑小学
22	2018年11月10日	郑秋艳	理性的家长，培养出优秀的孩子	新生家长课程	福苑小学
23	2018年11月12日	鲍美彤	日语、俄语、西班牙语、德语	初级小语种课程	福苑小学
24	2018年11月12日	鲍美彤	日语、俄语、西班牙语、德语	初级小语种课程	福苑小学
25	2018年11月17日	潘妮娜	数学豆豆园	趣味小学数学	福苑小学
26	2018年11月17日	彭思兰	搭船的鸟	小学语文	四联小学录课
27	2018年11月17日	王莹	Play letters	小学英语	四联小学录课
28	2018年11月19日	杨莹	日语、俄语、西班牙语、德语	初级小语种课程	福苑小学
29	2018年11月24日	张小晶	数学豆豆园	趣味小学数学	福苑小学

续表

序号	时间	授课教师	课程名称	课程类别	直播/录播地点
30	2018年11月24日	王慧芳	夫妻关系的重要性	新生家长课程	福苑小学
31	2018年11月26日	张书杨	日语、俄语、西班牙语、德语	初级小语种课程	福苑小学
32	2018年12月3日	陈琛	日语、俄语、西班牙语、德语	初级小语种课程	福苑小学
33	2018年12月8日	李丽敏	数学豆豆园	趣味小学数学	福苑小学
34	2018年12月8日	赖江晓	数学好玩之蜗牛爬树问题	小学数学	四联小学录课
35	2018年12月10日	季晓罗	日语、俄语、西班牙语、德语	初级小语种课程	福苑小学
36	2018年12月15日	郑红芳	数学豆豆园	趣味小学数学	福苑小学
37	2018年12月15日	陈纯英	有效陪伴是最好的教育	新生家长课程	福苑小学
38	2018年12月15日	商中萍	以梦为马，不负韶华	初中班主任课程	福田外国语学校
39	2018年12月15日	陈思	学科职业之旅	初中班主任课程	福田外国语学校

续表

序号	时间	授课教师	课程名称	课程类别	直播/录播地点
40	2018年12月15日	周洁	《遇见材料再现环境快乐体验》——多元美术实践与研究	小学美术	福苑小学
41	2018年12月22日	黄涛	数学豆豆园	趣味小学数学	福苑小学
42	2018年12月22日	彭柳平	成为受欢迎的人	新生家长课程	福苑小学
43	2018年12月26日—28日	刘淑晶	认识钟表练习课	小学数学	福苑小学
44	2018年12月26日—28日	徐婷	认识钟表	小学数学	福苑小学
45	2018年12月26日—28日	郭婉莹	蜗牛	小学语文	福苑小学
46	2018年12月26日—28日	郑少婷	In the zoo	小学英语	福苑小学
47	2018年12月26日—28日	吴彩桥	复习课	小学数学	福苑小学
48	2018年12月26日—28日	许东琳	龙的民俗	小学语文	福苑小学
49	2018年12月26日—28日	黄晓珊	认识钟表	小学数学	福苑小学
50	2018年12月26日—28日	梁海清	晚安大猩猩	小学语文	福苑小学

续表

序号	时间	授课教师	课程名称	课程类别	直播/录播地点
51	2018年12月26日—28日	凌志娟	十二生肖歌	小学语文	福苑小学
52	2018年12月26日—28日	徐 奔	老鼠嫁女	小学语文	福苑小学
53	2018年12月26日—28日	田 芳	Review Unit10 and Unit11	小学英语	福苑小学
54	2018年12月26日—28日	易 倩	Apples，please	小学英语	福苑小学
55	2018年12月26日—28日	吴彩桥	十以内的加减法	小学数学	福苑小学
56	每周一	项 阳	汉字书写	小学语文	福苑小学
57	每周一	黄现丰	汉字书写	小学语文	福苑小学

2019年课程表（2019年1月—12月）

序号	授课时间	授课教师	课程名称	适合对象和学科	课节
1	2019年1月5日	解玉娟	Unit8　Surprise Endings	初二英语	1
2	2019年1月5日	傅 红	Unit7　The Adventures of Tom Sawyer	初二英语	1
3	2019年2月11日	高紫微	密铺	小学数学	1
4	2019年3月2日	胡晓曼	数学豆豆园	小学数学	1

续表

序号	授课时间	授课教师	课程名称	适合对象和学科	课节
5	2019年3月16日	高云	数学豆豆园	小学数学	1
6	2019年3月16日	王慧芳	数学豆豆园	家长	1
7	2019年5月25日	黄涛	数学豆豆园	小学数学	1
8	2019年5月25日	江卓妮	培养孩子的自律性	家长	1
9	2019年5月25日	周小凡	2019全国高考化学（理综）备考冲刺与应用攻略	高中化学	1
10	2019年5月25日	杨坤	9B Unit4　Natural disasters Reading	初中英语	1
11	2019年9月15日	梁锡尧	情深深雨蒙蒙——《豳风·东山》的爱恨情仇	初中语文	1
12	2019年9月20日	孙威	帕提侬神庙复原记	小学数学	1
13	2019年9月20日	张鸿莺	故宫里的比例（上）	小学数学	2
14	2019年9月26日	杨莹	故宫的窗户（下）	小学数学	2
15	2019年9月10日	康黎	图形的认识	小学数学	1
16	2019年10月15日	邓德坚	探究平面镜成像的特点	初中物理	1
17	2019年10月16日	邓德坚	探究光的折射	初中物理	1
18	2019年10月16日	项晓亮	想想说说写写画画	二年级语文	1
19	2019年10月16日	王美英	Colours	一年级英语	1
20	2019年10月16日	李泽	彝家娃娃真幸福	二年级音乐	1
21	2019年10月16日	康妮	回字八点格	一年级语文	1

续表

序号	授课时间	授课教师	课程名称	适合对象和学科	课节
22	2019年10月17日	吴锦秀	神秘四合院	小学数学	1
23	2019年10月17日	康黎	小学教学设计论文导读	小学数学	1
24	2019年10月17日	黄灵万	探究光的折射	初中物理	1
25	2019年10月18日	黄灵万	透镜的分类	初中物理	1
26	2019年10月19日	吴锦秀	数学豆豆园	二年级	1
27	2019年10月23日	罗宇翔	建筑中的图形	小学数学	1
28	2019年10月26日	杨文萍	数学豆豆园	二年级	1
29	2019年10月31日	白一娜	轴对称图形和平移的再认识	小学数学	1
30	2019年11月2日	彭丽君	数学豆豆园	二年级	1
31	2019年11月9日	潘妮娜	数学豆豆园	二年级	1
32	2019年11月14日	周玲	图形中的规律	小学数学	1
33	2019年11月23日	郑晓萱	数学豆豆园	二年级	1
34	2019年11月17日	林会新	早期师资、阅读的策略和意义	低年段学生和家长	1
35	2019年11月19日	张毅	问卷设计分享	小学数学	1
36	2019年11月19日	刘春艳	注重动手实践，培养学生的数学学习能力	小学数学	1
37	2019年11月19日	康黎	工作室团队建设	小学数学	1
38	2019年11月19日	邓德坚	探究汽化和液化的特点	初中物理	1

续表

序号	授课时间	授课教师	课程名称	适合对象和学科	课节
39	2019年11月20日	邓德坚	探究熔化和凝固的特点	初中物理	1
40	2019年11月21日	许江瑞	比例的认识磨课记	小学数学	1
41	2019年11月22日	黄灵万	升华和凝华	初中物理	1
42	2019年11月27日	许江瑞	比例的认识	小学数学	1
43	2019年12月6日	蔡惠贻	分数的再认识	小学数学	1
44	2019年12月11日	康　黎	找规律（四年级）	小学数学	1
45	2019年12月20日	冯朵朵	美丽的黄金分割	小学数学	1
46	2019年12月26日	吴欣琪	Module4　The world around us	二年级英语	1
47	每周一	王聪聪	日语	初级小语种课程	5
48	每周一	鲍美彤	俄语	初级小语种课程	5
49	每周一	杨　莹	西班牙语	初级小语种课程	5
50	每周一	张书杨	德语	初级小语种课程	5
51	每周一	黄现丰	汉字书写	二年级语文	10
52	每周二	陈　琛	法语	初级小语种课程	5
53	每周二	张军力	星辰里的诗经	小学语文和科学	6

续表

序号	授课时间	授课教师	课程名称	适合对象和学科	课节
54	每周二	许雅丽	少儿水墨画	二年级美术	6
55	每周三	项 阳	汉字书写	一年级语文	5

二、共享学校"中心、名师、课程"
发展计划

（一）"共享中心"计划

在项目发起人所在学校建立共享核心区，在主播所在学校、家庭、社区等地建立共享中心，在教育薄弱地区建立共享体验中心。共享中心可实现以单项直播、多屏互动直播、点播为主的真实教学，由固定直播间、移动直播间、长期主播、短期主播、线下学生组成。

（二）"共享名师"计划

该项目号召忠诚于党的教育事业、拥有奉献爱心和创新精神的特级教师、名师工作室主持人及成员加入。目前，主播队伍近百人，由幼儿园、小学、初中、高中教师组成，基本涵盖了所有学科。共享名师需遵循项目公约，能持续参与公益项目。

（三）"共享课程"计划

课程建设根据授课对象不同，分为不同学段学生课程、家长课程、主播培训课程。

课程建设根据内容分为基础常态类课程（国家规定的常规基础课程）和创新类课程（台风课程、631自主招考课程、游学课程等）。

课程建设根据形式不同分为全球直播公益课程（有网络均能

看到），非开放的互动灵活课程（手拉手学校、扶持教育薄弱地区课程），个性量化VIP中心课程（服务于积极参与公益事业的人群的子女，当地高层次人才的子女和为社会发展做出积极贡献的人群的子女）。

　　课程建设根据主播成长程度分为主题课程和个性课程。

三、共享学校发展规划

第一阶段：2017年1月—6月

以福民小学为试点，建设4间共享中心，即直播间。在深圳市内增设4间直播间，在市外建设4间直播间。招募主播100人。开设课程100节，以个性试播课程为主，开设4个系列主题课程。影响到200余所学校，点击量达10万多次。

第二阶段：2017年7月—12月

以福民小学为共享核心区试点，建设36间直播间，在深圳市内增设10间直播间，在市外建设10间直播间。主播加强培训，开设课程200节以上，提高直播授课质量。主题课程数量增加到8个以上，试播基础常态类课程。增加影响力，辐射更多学生，尝试"四点半公益直播课程"。课程影响到甘肃、江西、广东等教育薄弱地区，辐射上千所乡村学校。

第三阶段：2018年1月—12月

主播所在学校、社区或家庭30%以上安装直播软件，使深圳全体学生能从直播间获取知识，并且免费收看。重点放在其他地区的主播招募工作上，争取不少于20人，课程影响辐射到新疆、西藏等地。VIP课程开播。

第四阶段：2019年1月—12月

主播所在学校、社区或家庭80%以上搭建直播间，另选学校建立第二个共享核心区，建立100个共享中心。课程已近700节，辐射60多万师生家长。课程分类改版。

下面两个阶段为未来课题可推广的价值和升级研究阶段内容。

第五阶段：2020年1月—12月

"丑小鸭魔法公益共享学校"课程涵盖从幼儿园到高中的各年级、各学科，基础常态类课程更为丰富，创新类课程内容多样，服务于教育薄弱地区的学校300所以上，个性量化 VIP 中心课程试播。在精准扶贫地区设立新的线下基地。课程界面进行重新规划，探索大湾区教育。

第六阶段：2021年1月—12月

"丑小鸭魔法公益共享学校"的线下基地进一步实现教育均衡探索，服务教育薄弱地区显效果。共享中心加强教育国际化交流，探索双语直播课程，普惠海内外华人，传播中国文化。

四、受惠学校与教师

该项目筹建至今，报名担任主播的教师地域占比情况如下：福田区福民小学教师占10%，福田区特级教师团队工作室教师占14%，福田区名特优教师占41%，南山、罗湖、龙岗等区教师占18%、广东省其他城市省名师占11%，北京、黑龙江、江苏、河南等外省特级教师占6%。仅2017年上半年固定收看的学生有4万多名，获取固定点击量12万余次，流动性学生点击量超过30万次，受惠学校200余所。至2020年，网络上达到百万点击量。

参与公益项目的名师自身也有很大进步，积极出版专著、发表文章，有的获得正高级教师职称，经典课程被"学习强国"APP选用。

【案例1】重点扶持地区：革命老区寻乌县

寻乌县卓越魔法直播间教学实施方案

为提升乡村教育质量，推进"卓越魔法直播间"项目顺利实施，鼓励教师积极参与"互联网+"模式下对薄弱学校进行网络支教的活动，实现优质教育资源均衡发展，依据《卓越魔法直播间合作协议》，结合我县实际，特制订本方案。

（一）参与魔法直播间建设项目的学校

1. 由"深圳卓越集团"出资建设了卓越魔法直播间项目的学校共有10所：城关小学、城南小学、城北新区小学、文峰中小学、进修学校、博豪中学、澄江中学、澄江中心小学、留车中学、留车中心小学。

2. 其他学校通过直播软件实现直播教学。

（二）直播教师团队的组成

1. 直播教师采取教师个人自愿申请、学校选拔推荐、县教育局统一审核备案的方式产生。

2. 特级教师、学科带头人、骨干教师不定期举行示范课教学活动。

3. 直播教师应具有较强的教育教学能力和较高的现代教育技术应用水平，身心健康，师德优良。

（三）魔法直播教室实施办法

直播课堂教学要创新教研模式，探索线上同步课堂教学规律，使用由各级教研部门和学校共同选定的教材，按照国家学科课程标准规定的周课时数，以"1+N"方式开展主辅课堂线上同步教学。同时要深入教学点了解学情，与学生面对面交流，对学生进行辅导答疑，并进行作业讲评。

1. 县城学校

按照《关于寻乌县城乡学校结对帮扶的通知》（寻教科体发〔2020〕6号）的要求，通过城乡学校结对帮扶，促进城乡教育均衡发展，建立以城带乡、城乡一体化教育体系。

2. 澄江中学、澄江中心校

由北片乡镇（罗珊乡、水源乡、项山乡、澄江镇、吉潭镇、三标乡、桂竹帽镇）学校选拔直播骨干教师，负责北片乡镇学校的授课、教研工作。

3. 留车中学、留车中心校

由南片乡镇（南桥镇、留车镇、菖蒲乡、晨光镇、龙廷乡、丹溪乡）学校选拔直播骨干教师，负责南片乡镇学校的授课、教研工作。

4. 各乡镇中心校

负责本乡镇区域小学的直播授课。

（四）直播教师的考核

1. 直播教师的考核采取平时考核与学期考核相结合的原则，以平时考核为主。

2. 平时考核由相关学校负责。学校对教师的工作情况实事求是地进行登记，客观公正地进行评价。县教育局将采取定期与不定期的方式对相关教师的管理情况和工作情况进行抽查。

3. 学期考核由县教育局组织实施。考核采用查阅资料、调查问卷、座谈了解、调阅平台数据等形式进行，重点考核相关教师的履职情况。

4. 每年评选30%的优秀线上教师，并颁发荣誉证书。

（五）直播教师的管理

1. 直播课堂学科教学任务，是教师每周增加2课时的工作量。完成全学年教学计划，按照学校核定的实际课时量，给予教师每课时40元补助。

2. 承担课堂技术保障和培训任务的教师，课时补助按每周2课时的工作量计算（每课时补助20元）。

3. 辅课堂管理教师承担辅课堂的设备管理、硬件调试、教学秩序维护工作。

4. 直播课堂教师所增加的课时量应与常规教学的课时量一同纳入学校教师工作量考核。

5. 考核优秀的教师，相关学校应在评优评先、获得科研资助和进修学习等方面予以政策倾斜。

公益扶智协议部分内容

为创新教育扶持形式，提升乡村教育质量，共享教育技术进步成果，甲、乙、丙三方本着发挥优势、相互促进的原则，拟联合开展"卓越魔法直播间"项目（以下简称本项目），计划在江西省寻乌县组建共享学校线下基地的直播教师团队，捐赠资金打造互联网直播教室，对标深圳优质教学资源，开发当地具有特色的优质课程，实现线上教学观摩、公开课直播、线下教学变革、跨学科共学等功能。为明确各方权利义务，使本项目顺利进行，特签订本合作协议，以资共同遵守。

（一）项目概况

1. 项目主题：卓越魔法直播间。

2. 项目时间：2020年4月—2022年12月。

3. 项目地点：深圳及江西省寻乌县。

4. 项目内容：在江西省寻乌县组建首批线上直播教师团队，打造互联网直播教室若干，开发当地优质线上课程，促进两地教师交流学习等。

（二）合作内容

1. 甲方为本项目的资助单位和冠名单位，负责支付本项目设备采购、课程研发、项目运行管理及两地教师交流培训等所需的费用。

2. 乙方为本项目的受赠方，根据自身实际情况负责江西省寻乌县当地教师团队的选拔、组织及管理，与丙方共同开发符合江西省寻乌县教育需求的线上课程。

3. 丙方作为本项目的公益支持方和课程提供方，负责依托"丑小鸭魔法公益共享学校"这一公益项目，组织深圳名师团队为乙方教师团队提供指导及协助，并协调设备方提供软件资源。

（三）各方权利义务

1. 甲方权利义务

（1）甲方有义务依照合同约定，如期将项目捐赠款足额汇至乙方指定账户。

（2）甲方负责整个项目的策划、安排及各方工作的协调统筹事宜。

（3）甲方承担整个项目的硬件资金支持、教师管理与成长资金支持、两地教师交流所产生费用中丙方不能协助解决的费用。

（4）甲方有权对捐赠的江西省寻乌县各直播间教室冠名。

（5）甲方有权对项目的整个过程进行拍摄及信息采集，制作公益影片或总结报道并对外宣传。

（6）甲方有权通过其他两方的宣传渠道进行有关本项目的公益形象宣传。

2. 乙方权利义务

（1）乙方有权要求甲方依照合同约定如期将捐赠款项打入乙方指定账户。

（2）乙方可根据当地实际教学情况，结合本项目开展教师交流活动，进行线上名师奖励，甲方应予以资金支持。

（3）乙方负责本项目在江西省寻乌县直播教师的人选沟通、选拔、团队组建、考核管理、名师培养等工作。

（4）乙方负责协助甲方落实本项目直播间的具体位置，并督促学校设备安装的事项。

（5）乙方负责收集本项目调试运营期间的满意度调查或学生反馈情况统计。

（6）乙方负责统筹安排江西省寻乌县各学校对本项目线上平台的学习。

3. 丙方权利义务

（1）丙方作为本项目的公益支持方和课程提供方，有权要求甲乙双方为推进项目开展提供相关支持。

（2）丙方负责承担"丑小鸭魔法公益共享学校"项目在合作期的公益责任（包括协助乙方进行江西省寻乌县直播教师团队的选拔

及审核；为正式入选的直播教师指导和解答线上教学的设备操作、教学创意等问题；为本项目提供适合乙方学校学习所需的线上课程，并负责带领江西省寻乌县教师共同研发课程，以及根据江西省寻乌县的特点设计课程等）。

（3）丙方负责共享学校名师和深圳地区其他名师团队的组织及沟通。

（4）丙方负责协助甲方与乙方落实深寻两地教师交流活动的行程安排。

（5）丙方负责与深圳市相关部门沟通，获得对深圳教师参与此公益项目的相关支持。

【案例2】其他部分受惠学校举例

紫金县中小学多媒体增配表

序号	学校	乡镇	现有多媒体设备数（含多功能电教室）
1	紫金县城第一小学	紫城镇	16
2	紫金县城第二小学	紫城镇	17
3	紫金县城富士康希望小学	紫城镇	22
4	紫金县城第六小学	紫城镇	9
5	紫金县城第七小学	紫城镇	6
6	紫城中心小学	紫城镇	6
7	镇一小	紫城镇	2
8	镇二小	紫城镇	2
9	镇三小	紫城镇	2

续表

序号	学校	乡镇	现有多媒体设备数（含多功能电教室）
10	南岗小学	紫城镇	5
11	荷岗小学	紫城镇	5
12	下书小学	紫城镇	2
13	横径小学	紫城镇	4
14	新樟小学	紫城镇	1
15	上樟小学	紫城镇	1
16	黄花小学	紫城镇	1
17	水澄小学	紫城镇	0
18	白溪小学	紫城镇	1
19	林田小学	紫城镇	1
20	宝嶂小学	紫城镇	1
21	蓝坑小学	紫城镇	1
22	朗坑小学	紫城镇	1
23	中洞小学	紫城镇	1
24	中埔小学	紫城镇	1
25	衙前小学	紫城镇	1
26	陂湖小学	紫城镇	1
27	龙潭小学	紫城镇	1
28	龙湖小学	紫城镇	1

续表

序号	学校	乡镇	现有多媒体设备数（含多功能电教室）
29	龙鸣小学	紫城镇	1
30	上书小学	紫城镇	1
31	升车小学	紫城镇	1
32	升平小学	紫城镇	1
33	士贵小学	紫城镇	1
34	澄峯小学	紫城镇	1
35	石坑小学	紫城镇	1
36	鹧鸪小学	紫城镇	1
37	榕林小学	紫城镇	1
38	璜坑小学	紫城镇	1
39	璜坑希望小学	紫城镇	1
	紫城镇汇总		**123**
40	紫金县柏埔中心小学	柏埔镇	11
41	柏埔中心小学东方教学点	柏埔镇	1
42	柏埔中心小学永丰教学点	柏埔镇	1
43	柏埔中心小学洋坑教学点	柏埔镇	1
44	柏埔中心小学梅中教学点	柏埔镇	1
45	柏埔中心小学福田教学点	柏埔镇	1
46	柏埔中心小学群星教学点	柏埔镇	1

序号	学校	乡镇	现有多媒体设备数（含多功能电教室）
47	柏埔中心小学方湖教学点	柏埔镇	1
48	柏埔中心小学良洞教学点	柏埔镇	1
49	柏埔中心小学复兴教学点	柏埔镇	1
50	柏埔中心小学利民教学点	柏埔镇	1
51	柏埔中心小学南昌教学点	柏埔镇	1
52	柏埔中心小学新丰教学点	柏埔镇	1
柏埔镇汇总			**23**
53	紫金县凤安中心小学	凤安镇	5
54	紫金县凤安镇下石小学	凤安镇	5
55	紫金县凤安镇下石小学回龙教学点	凤安镇	0
56	紫金县凤安镇下石小学黄洞教学点	凤安镇	0
57	紫金县凤安镇下石小学觉民教学点	凤安镇	0
58	紫金县凤安中心小学东塘教学点	凤安镇	0
59	紫金县凤安中心小学黄龙教学点	凤安镇	0
60	紫金县凤安中心小学佛岭教学点	凤安镇	0
61	紫金县凤安中心小学上坑教学点	凤安镇	0
62	紫金县凤安中心小学横排教学点	凤安镇	0
63	紫金县凤安中心小学竹塘教学点	凤安镇	0

续表

序号	学校	乡镇	现有多媒体设备数（含多功能电教室）
	凤安镇汇总		**10**
64	黄塘中心小学	黄塘镇	5
65	黄塘庙前小学	黄塘镇	4
66	黄塘腊石小学	黄塘镇	3
67	嶂拔小学	黄塘镇	1
68	拱桥小学	黄塘镇	1
69	曹坑小学	黄塘镇	1
70	上黄塘小学	黄塘镇	1
71	长岌小学	黄塘镇	1
72	车前小学	黄塘镇	1
73	腊石二小	黄塘镇	1
74	锦口小学	黄塘镇	1
75	锦江小学	黄塘镇	1
76	澄田小学	黄塘镇	1
	黄塘镇汇总		**22**
77	好义中心小学	好义镇	6
78	好义中心小学小古教学点	好义镇	1
79	好义中心小学积良教学点	好义镇	1
80	好义中心小学宜良教学点	好义镇	3

序号	学校	乡镇	现有多媒体设备数（含多功能电教室）
81	好义中心小学远光教学点	好义镇	1
82	好义中心小学双全教学点	好义镇	1
83	好义中心小学高尚教学点	好义镇	1
84	好义中心小学吉田教学点	好义镇	1
	好义镇汇总		**15**
85	九和中心小学	九和镇	11
86	九和中心小学五一教学点	九和镇	1
87	九和中心小学联合教学点	九和镇	1
88	九和中心小学官坑教学点	九和镇	1
89	九和中心小学富竹教学点	九和镇	1
90	九和中心小学大田教学点	九和镇	1
91	九和中心小学黄砂教学点	九和镇	1
92	九和中心小学龙塘教学点	九和镇	1
93	九和中心小学龙卜教学点	九和镇	1
94	九和中心小学双罗教学点	九和镇	1
95	九和镇热水小学	九和镇	5
96	九和镇热水小学幸福教学点	九和镇	1
97	九和镇热水小学芄芬教学点	九和镇	1
98	九和镇热水小学金光教学点	九和镇	1

续表

序号	学校	乡镇	现有多媒体设备数（含多功能电教室）
99	九和镇热水小学在上教学点	九和镇	1
100	九和镇热水小学在南教学点	九和镇	1
	九和镇汇总		**30**
101	敬梓小学	敬梓镇	7
102	敬梓小学中心教学点	敬梓镇	1
103	敬梓小学洋高教学点	敬梓镇	0
104	敬梓小学正联教学点	敬梓镇	0
105	敬梓小学扬眉教学点	敬梓镇	0
106	敬梓小学甘田教学点	敬梓镇	0
107	敬梓小学南村教学点	敬梓镇	0
108	敬梓小学塘尾教学点	敬梓镇	0
109	敬梓小学田头小学	敬梓镇	4
110	敬梓小学冯坑教学点	敬梓镇	0
111	敬梓小学陂头教学点	敬梓镇	0
112	敬梓小学中联教学点	敬梓镇	0
113	敬梓小学柑坑教学点	敬梓镇	0
114	敬梓小学黄小塘教学点	敬梓镇	0
	敬梓镇汇总		**12**
115	蓝塘中心小学	蓝塘镇	21

续表

序号	学校	乡镇	现有多媒体设备数（含多功能电教室）
116	蓝塘中心小学罗塘教学点	蓝塘镇	1
117	蓝塘中心小学市北教学点	蓝塘镇	1
118	蓝塘中心小学加元教学点	蓝塘镇	1
119	蓝塘中心小学告坑小学	蓝塘镇	1
120	砂塘小学长塘教学点	蓝塘镇	1
121	蓝塘砂塘小学	蓝塘镇	5
122	蓝塘砂塘小学碧山教学点	蓝塘镇	1
123	蓝塘砂塘小学留塘小学	蓝塘镇	1
124	蓝塘自然小学	蓝塘镇	6
125	蓝塘自然小学建联教学点	蓝塘镇	1
126	蓝塘自然小学百罗教学点	蓝塘镇	1
127	蓝塘自然小学博雅教学点	蓝塘镇	1
128	蓝塘自然小学茜坑小学	蓝塘镇	1
129	蓝塘石城小学	蓝塘镇	5
130	蓝塘石城小学南山教学点	蓝塘镇	1
131	邓缵先纪念小学	蓝塘镇	1
132	蓝塘石城小学大村教学点	蓝塘镇	1
133	蓝塘中心小学元吉教学点	蓝塘镇	1
134	蓝塘中心小学双兴教学点	蓝塘镇	1

续表

序号	学校	乡镇	现有多媒体设备数（含多功能电教室）
135	蓝塘中心小学业坑教学点	蓝塘镇	1
136	蓝塘中心小学汉塘教学点	蓝塘镇	1
137	蓝塘中心小学半径教学点	蓝塘镇	1
138	蓝塘河塘小学	蓝塘镇	5
139	蓝塘河塘小学和目教学点	蓝塘镇	1
140	蓝塘河塘小学龙渡教学点	蓝塘镇	1
141	蓝塘河塘小学白砂教学点	蓝塘镇	1
142	蓝塘河塘小学塘田教学点	蓝塘镇	1
蓝塘镇汇总			**65**
143	龙窝中心小学	龙窝镇	16
144	龙窝中心小学嶂下教学点	龙窝镇	1
145	龙窝中心小学星州教学点	龙窝镇	1
146	龙窝中心小学洛山教学点	龙窝镇	1
147	龙窝中心小学彭坊教学点	龙窝镇	1
148	龙窝中心小学牌楼教学点	龙窝镇	1
149	龙窝中心小学高坑教学点	龙窝镇	1
150	龙窝镇慎田小学琴江教学点	龙窝镇	1
151	龙窝镇慎田小学	龙窝镇	3
152	龙窝镇慎田小学上坑教学点	龙窝镇	1

续表

序号	学校	乡镇	现有多媒体设备数（含多功能电教室）
153	龙窝镇慎田小学茶松教学点	龙窝镇	1
154	龙窝镇宝洞小学红星教学点	龙窝镇	1
155	龙窝镇宝洞小学	龙窝镇	3
156	龙窝镇宝洞小学罗洞教学点	龙窝镇	1
157	龙窝镇宝洞小学黄田教学点	龙窝镇	2
158	龙窝镇宝洞小学梅园教学点	龙窝镇	1
159	龙窝镇宝洞小学双下教学点	龙窝镇	1
160	龙窝镇宝洞小学双下第二教学点	龙窝镇	1
161	龙窝镇宝洞小学南奋教学点	龙窝镇	1
162	龙窝镇连塘小学	龙窝镇	4
163	龙窝镇连塘小学黄洞教学点	龙窝镇	1
164	龙窝镇连塘小学琴星教学点	龙窝镇	1
165	龙窝镇连塘小学桂山教学点	龙窝镇	1
166	龙窝镇连塘小学礼坑教学点	龙窝镇	1
167	龙窝镇连塘小学竹径教学点	龙窝镇	1
168	龙窝镇连塘小学官田教学点	龙窝镇	1
169	紫金县龙窝第二中心小学	龙窝镇	3
170	龙窝第二中心小学洋头教学点	龙窝镇	4
171	龙窝第二中心小学光明教学点	龙窝镇	1

续表

序号	学校	乡镇	现有多媒体设备数（含多功能电教室）
172	龙窝第二中心小学庆丰教学点	龙窝镇	1
173	龙窝第二中心小学公村教学点	龙窝镇	1
174	龙窝第二中心小学琴口教学点	龙窝镇	1
175	龙窝第二中心小学琴南教学点	龙窝镇	1
176	龙窝第二中心小学五星教学点	龙窝镇	1
龙窝镇汇总			**62**
177	紫金县南岭中心小学	南岭镇	5
178	南岭中心小学庄田教学点	南岭镇	1
179	南岭中心小学王告教学点	南岭镇	1
180	南岭中心小学东溪教学点	南岭镇	1
181	南岭中心小学高新教学点	南岭镇	1
182	南岭中心小学彩头教学点	南岭镇	1
183	南岭中心小学山背教学点	南岭镇	0
184	南岭中心小学嶂背教学点	南岭镇	0
南岭镇汇总			**10**
185	紫金县水墩中心小学	水墩镇	3
186	水墩中心小学雅布教学点	水墩镇	0
187	水墩中心小学黎坑教学点	水墩镇	0
188	水墩中心小学黄畲教学点	水墩镇	0

序号	学校	乡镇	现有多媒体设备数（含多功能电教室）
189	水墩中心小学陂湖教学点	水墩镇	0
190	水墩中心小学增陂教学点	水墩镇	0
191	水墩中心小学归湖教学点	水墩镇	0
192	水墩中心小学水口教学点	水墩镇	0
193	水墩中心小学璜坑教学点	水墩镇	0
194	水墩镇秋溪小学	水墩镇	3
195	水墩镇秋溪小学群丰教学点	水墩镇	0
196	水墩镇秋溪小学高岭教学点	水墩镇	0
197	水墩镇秋溪小学段布教学点	水墩镇	0
	水墩镇汇总		**6**
198	上义中心小学	上义镇	5
199	上义中心小学新光教学点	上义镇	0
200	上义中心小学群联教学点	上义镇	0
201	上义镇招元小学	上义镇	3
202	上义镇招元小学石潭教学点	上义镇	0
203	上义镇招元小学新群教学点	上义镇	0
204	上义镇中山学校	上义镇	3
205	上义镇中山学校茅田教学点	上义镇	0
206	上义镇中山学校吉洞教学点	上义镇	0

续表

序号	学校	乡镇	现有多媒体设备数（含多功能电教室）
	上义镇汇总		**11**
207	苏区中心小学	苏区镇	6
208	苏区镇黄布小学	苏区镇	5
209	苏区中心小学碧河教学点	苏区镇	1
210	苏区中心小学小北教学点	苏区镇	1
211	苏区中心小学赤溪教学点	苏区镇	1
212	苏区中心小学锡山教学点	苏区镇	1
213	苏区中心小学永坑教学点	苏区镇	1
214	苏区镇黄布小学永光教学点	苏区镇	1
215	苏区镇黄布小学青溪教学点	苏区镇	1
216	苏区镇黄布小学龙上教学点	苏区镇	1
	苏区镇汇总		**19**
217	瓦溪中心小学	瓦溪镇	9
218	瓦溪中心小学新龙教学点	瓦溪镇	1
219	瓦溪中心小学半岗教学点	瓦溪镇	1
220	瓦溪中心小学上濑教学点	瓦溪镇	1
221	瓦溪中心小学上东教学点	瓦溪镇	1
222	瓦溪中心小学四联教学点	瓦溪镇	1
223	瓦溪中心小学围奥教学点	瓦溪镇	1

续表

序号	学校	乡镇	现有多媒体设备数（含多功能电教室）
224	瓦溪中心小学高田教学点	瓦溪镇	1
225	瓦溪中心小学墩头教学点	瓦溪镇	1
226	瓦溪中心小学维岗教学点	瓦溪镇	1
227	瓦溪镇九树小学	瓦溪镇	4
228	瓦溪镇九树小学红光教学点	瓦溪镇	1
229	瓦溪镇九树小学茶岗教学点	瓦溪镇	1
230	瓦溪镇九树小学公坑教学点	瓦溪镇	1
231	瓦溪镇九树小学洪田教学点	瓦溪镇	1
232	瓦溪镇九树小学椒坑教学点	瓦溪镇	1
233	瓦溪镇九树小学柳布教学点	瓦溪镇	1
瓦溪镇汇总			**28**
234	义容中心小学	义容镇	7
235	义容镇桥田小学	义容镇	3
236	义容镇华星小学	义容镇	3
237	义容镇新民小学	义容镇	3
238	义容镇华星小学塘面教学点	义容镇	0
239	义容镇华星小学夏棠教学点	义容镇	0
240	义容镇新民小学和平教学点	义容镇	0
241	义容镇新民小学石下教学点	义容镇	0

续表

序号	学校	乡镇	现有多媒体设备数（含多功能电教室）
242	义容中心小学大新教学点	义容镇	0
243	义容中心小学黄洞教学点	义容镇	0
244	义容中心小学中兴教学点	义容镇	0
245	义容中心小学大同教学点	义容镇	0
246	义容中心小学安全教学点	义容镇	0
247	义容第二中心小学	义容镇	3
248	义容镇龙腾小学	义容镇	1
249	义容镇宝山小学	义容镇	0
250	义容镇南坑小学	义容镇	0
251	义容镇青水小学	义容镇	0
252	义容镇联光小学	义容镇	0
	义容镇汇总		**20**
253	中坝中心小学	中坝镇	11
254	中坝松梓小学	中坝镇	1
255	富坑小学	中坝镇	1
256	良庄小学	中坝镇	1
257	乐平小学	中坝镇	1
258	中山纪念小学	中坝镇	1
259	上石小学	中坝镇	8

续表

序号	学校	乡镇	现有多媒体设备数（含多功能电教室）
260	北坑小学	中坝镇	1
261	塔凹小学	中坝镇	1
262	三渡水小学	中坝镇	1
263	贺光小学	中坝镇	1
264	径口小学	中坝镇	1
265	袁田小学	中坝镇	1
266	林布小学	中坝镇	1
267	众塘小学	中坝镇	1
268	广福小学	中坝镇	1
	中坝镇汇总		**33**

江西省于都县中小学多媒体增配表

序号	县	学校	多媒体教室数量
1	于都县	段屋初级中学	20
2	于都县	古田初中	24
3	于都县	桥头中心小学	12
4	于都县	实验中学附属小学	6
5	于都县	曲洋初级中学	12
6	于都县	乱石初中	12

续表

序号	县	学校	多媒体教室数量
7	于都县	祁禄山中心小学	12
8	于都县	祁禄山初中	6
9	于都县	仙下乡中心小学	18
10	于都县	禾溪初中	8
11	于都县	禾丰中学	18
12	于都县	黄麟中心小学	13
13	于都县	段屋中心小学	16
14	于都县	桥头初中	12
15	于都县	盘古山初中	15
16	于都县	盘古山中心小学	23
17	于都县	明德小学	50
18	于都县	梓山中心小学	17
19	于都县	贡江中心小学	17
20	于都县	步前初中	11
21	于都县	车溪中心小学	13
22	于都县	第八中学	38
23	于都县	罗江中心小学	12
24	于都县	沙心中心小学	15
25	于都县	尧口初中	8
26	于都县	靖石中心小学	13
27	于都县	罗坳中心小学	15

乐昌市中小学多媒体增配表

序号	学校	多媒体教室数量
1	乐昌四中	41
2	乐昌市长来镇中学	20
3	老坪石中心学校	23
4	乐昌市河南小学	34
5	长来中心小学	35
6	乐昌三中	54
7	乐城三小	24
8	乐昌实验学校	24
9	廊田中心学校	60
10	坪石实验学校	12
11	九峰中学	9
12	云岩小学	20
13	云岩镇中学	14
14	坪梅小学	25
15	梅花中心小学	116
16	乐城二小	21
17	乐昌市中英文学校	2

广东省各县中小学多媒体增配表

序号	学校	多媒体教室数量	可开科目
1	清远市连南县顺德小学	36	小学语文、数学、英语、音乐
2	河源市和平县礼士镇澄心小学	4	小学语文、数学、英语
3	肇庆市封开县江口镇第三小学	1	小学语文、数学、英语
4	韶关市始兴县罗坝中心小学	12	小学语文、数学、英语、美术
5	清远市连南瑶族自治县三排镇百斤洞小学	8	小学语文、数学、英语、音乐
6	汕尾市陆河县螺溪镇良洞小学	1	小学语文、数学、英语
7	梅州市五华县长布镇育文小学	4	小学语文、数学、英语、音乐
8	韶关市南雄澜河镇白云小学	1	小学语文、数学、英语、美术、音乐、体育
9	肇庆市怀集县怀城镇龙西小学	1	小学语文、数学、英语、体育、音乐、美术
10	河源市紫金县敬梓镇冯坑小学	1	小学语文、数学、英语
11	肇庆市怀集县县城第六小学	45	小学语文、数学、英语、体育、美术、音乐、书法
12	怀集县怀城镇眉田小学	1	小学语文、数学、英语
13	怀集县怀城镇第五小学	20	小学语文、数学、英语

续表

序号	学校	多媒体教室数量	可开科目
14	韶关市南雄市乌迳镇新小学	6	小学语文、数学
15	肇庆市怀集县梁村镇中心小学	34	小学语文、数学、英语
16	怀集县怀城镇石龙小学	12	小学语文、数学、英语
17	肇庆市怀集县怀城镇三斗小学	7	小学语文、数学、英语、音乐、书画
18	阳山县青莲镇高峰学校	12	小学语文、数学、英语
19	韶关市始兴县马市中心小学	36	小学语文、数学、英语、音乐、手工美术
20	清远市阳山县杜步中心小学	18	小学语文、数学、英语
21	梅州市五华县长布镇琴口小学	5	小学语文、数学、英语、书法
22	河源市东源县顺天镇中心小学	29	小学语文、数学、英语
23	河源市紫金县中坝镇松梓小学	6	小学语文、数学、英语、音乐、美术、体育、书法
24	韶关市始兴县千马市镇三村陈达小学	3	小学语文、数学、英语
25	河源市紫金县九和镇芜芬小学	6	小学语文、数学、英语
26	河源市紫金县瓦溪镇洪田小学	7	小学语文、数学、英语、音乐、美术

续表

序号	学校	多媒体教室数量	可开科目
27	梅州市五华县周江镇中心小学	10	小学语文、数学、英语、音乐
28	河源市紫金县义容镇黄洞小学	6	小学语文、数学、英语
29	肇庆市封开县渔涝镇中心小学	25	小学语文、数学、英语
30	河源市紫金县敬梓镇冯坑小学	6	小学语文、数学、英语
31	韶关市南雄市水口镇弱过小学	1	小学语文、数学、英语、体育、音乐、美术
32	韶关市南雄市油山镇坪田小学	6	小学语文、数学、英语、音乐、美术
33	连州市三水民族小学	2	小学语文、数学、英语
34	连南香坪中心学校	11	小学语文、数学、英语、美术、音乐
35	清远市英德市九龙镇第二小学	7	小学语文、数学、英语
36	梅州市大埔县银江镇坪上小学	6	小学语文、数学、英语
37	河源市紫金县黄塘镇锦口小学	1	小学语文、数学、英语
38	梅州市大埔县银江镇昆仑小学	7	小学语文、数学、英语

续表

序号	学校	多媒体教室数量	可开科目
39	清远连州市山塘中心小学	14	小学语文、数学、英语
40	河源市东源县黄村镇中心小学	9	小学语文、数学、英语
41	河源市龙川县岩镇中心小学	9	小学语文、数学、英语
42	河源市紫金县九和镇芫芬小学	1	小学语文、数学、英语
43	河源市东源县蓝口镇中心小学	23	小学语文、数学、英语、音乐、美术
44	河源市龙川县黎咀镇中心小学	19	小学语文、数学、英语
45	清远市阳山县岭背中心小学	18	小学语文、数学、英语
46	河源市紫金县水墩镇段布小学	2	小学语文、数学、英语
47	韶关市仁化县董塘坪岗小学	9	小学语文、数学、英语、音乐
48	肇庆市封开县江川学校	13	小学语文、数学、英语、音乐
49	梅州市五华县梅林镇琴口小学	4	小学语文、数学、英语、音乐

五、线下直播间地点

固定直播间：深圳福田区福民小学（首个线下直播核心共享中心）、深圳市福田区福苑小学（线下直播核心区）、深圳福田侨香外国语学校、深圳福田区一冶广场、深圳前海自贸区、乐昌四中、连山民族中学、盐田外国语学校。

移动直播间：北京、江苏等地。江西于都、甘南草原、碌曲藏族中学、碌曲郎木寺、广东汕尾陆丰、广东肇庆师范学院、广州韶关、广东第二师范学院、深圳市民中心、深圳博物馆会议室、深圳莲花小学、深圳红岭高中、惠州画家工作室、南山"一葱时光"、T-PARK深港影视城。

六、申请线下学习要求

1. 每学期总课程发布后即可报名。报名后因故不能参加需提前一周电话告知报名处。报名后未能及时参与学习且不履行请假手续的，将取消线下学习资格。

2. 每周发布课程提醒或课程调整，学员需及时关注公众号发布的通知。

3. 每周课程正式授课前两天不接受线下报名。

4. 参与线下辅导的学生家长负责学生往返直播间的交通安全，报名参与即意味着认同直播间的安全免责。

5. 学生参与辅导过程中在公共场所注意礼仪，如文明着装和文明用语等，不能大声喧哗，有责任保持环境卫生，未经允许不能擅自动用直播间的公共或他人物资。尊重直播间所在场所的管理人员，遵守场所的管理规范。对违反者，将列入黑名单，取消以后的线下辅导资格。

6. 家长可在直播场外休息区收看直播，或受邀观看直播现场，需注意文明礼仪，不吸烟，尊重直播间所在场所的管理人员，遵守场所的管理规定。

7. 有些课程的线下辅导时间超过直播时间，参与线下辅导有收获的家庭，请以如下方式支持该公益项目：父母积极参与全球或深圳公益事业，支持教育发展；学生在力所能及的范围内对他人给予帮助。

第四章

保障与发展

一、支持单位

（一）项目指导单位

广东省网络安全与信息化委员会办公室、深圳市关爱行动组委会办公室、深圳市教育发展基金会、深圳市教育局、深圳市电化教育信息中心、福田区教育局、福田区教科院。

（二）项目智力支持单位

深圳市人才研修院、广东河源紫金县团委、广东韶关乐昌教育局、深圳市福田区教科院、江苏常州教育局、甘肃临洮县教育局、新疆克州教育局、汕尾陆丰城区教育局、寻乌县政府、甘肃碌曲县政府、广东韶关教育局、深圳福田街道、四川成都武侯区教科院、黑龙江省哈尔滨新区教育局、北京西城区教师发展中心、深圳市福田区福民小学、福田区莲花小学、福田侨香外国语学校、深圳红岭中学、深圳皇岗中学、深圳十一幼儿园、北京小金树幼儿园等。

（三）提供技术、资金、场地等资助单位

深圳市三三得玖教育科技有限公司、深圳茉莉教育基金会筹备组、广东心里程教育集团有限公司、深圳市罗湖区鹏悦会助学团队、深圳市富安玛莎投资股份有限公司、深圳微力量教育科技有限公司、深圳狮子会、深圳国泰安教育技术股份有限公司、深圳市智慧恒迪科技有限公司、北京步印书局、深圳宝安中心书城、深圳

市原创艺术协会、美欧科技产业（深圳）科技有限公司、深圳市文化创意行业协会、深圳世杰文化投资有限公司、深圳智慧恒迪科技有限公司、深圳市乐队协会、深圳卓越教育集团、深圳市诗经协会。

二、发展日程纪实

2017年

1月12日，公益项目创意诞生。

1月13日，第一间单项直播间在福民小学试播。

2月17日，第二间单项直播间试播。

2月25日，与河源紫金县乡村学校互动直播。

3月1日，完成第一批主播招募，来自福民小学、福田区罗湖区和龙岗区的45位教师加入主播队伍。

3月1日，在朋友圈、QQ群转发直播链接，接受试播收看反馈。

3月2日，在福田区莲花小学召开1.0版直播间启动仪式。

3月11日，选择10个网上大型论坛发帖。

3月12日，正式上线直播。

3月13日，深圳电视台、电台等各大媒体宣传报道。

3月16日，深圳市人才研修院领导考察项目；5所中小学和幼儿园发动千名家长做代言。

3月18日，发动万名儿童做代言。

3月20日，微力量捐赠东海岸城市广场戏剧课程直播间。

3月21日，富安娜捐赠前海自贸区艺术课程直播间。

3月28日，深圳狮子会亮瞳服务队向直播间捐赠巴巴腾智能机器人6台。

3月31日，福民小学全国首场全课程现场会全球直播。

4月2日，临时直播间建设到深圳人才研修院，邀请深圳市高层次人才直播。

4月3日，深圳电台《第一现场》报道直播间授课。

4月10日，广州第二外语艺术学院在广东"百千万人才培养工程"第二次走乡村活动中做项目宣讲。

4月11日，在清远连州做直播测试和介绍，并做捐赠。5所学校收看直播。

4月12日，在韶关乐昌做直播测试和介绍，并做捐赠。20所学校收看直播。

4月13日，在韶关乐昌捐赠活动中招募省名师8人、骨干教师2人。

4月14日，主播队伍人数达到百人。

4月15日，"丑小鸭魔法直播间"更名为"丑小鸭魔法室"，并做好组建公众号的准备。

4月20日，深圳狮子会向直播教师捐赠小机器人30台。

4月22日，真爱梦想年度发布会介绍"丑小鸭魔法室"公益项目。

5月5日，深圳市教育发展基金会考察该项目。

5月13日，深圳市教育信息中心杨焕亮主任一行考察该项目。

5月13日，公益项目公众号上线。

5月20日，深圳市关爱行动组委会办公室陈励、华荣女士来考察该项目。

5月30日，在各级部门指导下，"共享学校"项目进入筹备阶段。

6月1日，共享学校正式诞生，中英文创意书签发布。

6月10日，大学自主招考面试直播课上线，广受好评，电台《先锋898》栏目采访。

6月13日，在全市第一个启动台风停课后的网上直播课程，福田区政府线上报道。

6月17日，广东省50所乡村学校加入共享学校，收看直播。

6月20日，广东省20所乡村学校与优质学校加入共享学校，收看直播。

6月22日，"丑小鸭魔法公益共享学校"正式向深圳市关爱行动组委会办公室、深圳市教育发展基金会申请专项公益项目。

6月23日，讨论代言计划。

6月25日，向区教育局汇报发展情况。

7月1日，工作室活动讨论，总结表彰、下学期分工和公约。

7月2日，前海自贸区品牌直播间试播、广电直播间试播，首次尝试中英文双语试播。

7月9日，由深圳市关爱行动组委会办公室主办，深圳教育发展基金会联合主办，召开总结表彰会。接受关爱行动组委会办公室授牌和项目资金支持，接受茉莉教育基金会捐赠，该项目成为深圳教育发展基金会专项公益项目。

7月中旬，深圳狮子会向该项目捐赠20台人工智能机器人支持课程的变革。

7月中旬，直播课程与"蓝粉笔"公益项目结合，首次在江西于都直播。

8月中旬，直播课程开到甘南藏区碌曲县。

8月底，直播课程向海外发布。

9月1日，对开学典礼上的新生入学仪式进行直播，近万人收看。

9月10日，福民小学增设36间全球直播间。

9月中旬，深圳市幼儿教育专家工作室课程启动直播。

10月，该项目成为深圳重点资助课题研究项目。

10月，省农村骨干校长班50余名校长加入该公益项目。

10月，广东第二师范学院省民办校长班加入该公益项目。

10月，STEM世博会做该公益项目介绍。

11月，一冶广场家庭书房建设精英版直播间。

11月，关爱行动组委会办公室"四点半"课程赋能活动宣讲该公益项目。

11月，广东连山地区建设省名师直播间。

11月，关爱行动组委会办公室拨专款支持该公益项目。

11月，移动直播间随市委组织部到汕尾陆丰东石村做教育扶贫。

12月，彩乐工作坊开设移动生活课程"彩乐带你见画家"。

12月，共享学校直播平台2.0版全面升级。

12月，共享学校参与银监会和甘肃重点扶持地区临洮县教育发展。

12月，共享学校在人才研修院人才书吧为上万名乡村教师授课。

12月，共享学校参与国家教育信息化服务标准研制。

2018年

1月，参与"南有福田，北有海淀"全国小学语文活动，在红岭中学高中部为全国小学语文教师开设数十场现场教学直播，2万多名教师受惠。

1月，参与大湾区教育论坛，共享学校与香港、澳门优质课程合作成果和大湾区教育变革成果。深圳大学博士加入名师团队，深圳市知名正高级教授导师加入名师团队，拥有数百万粉丝的老墨家族加入名师团队。

1月，美欧科技产业（深圳）有限公司向共享学校捐赠5台教学机器人。

1月21日，在深圳教育发展基金会支持下，深圳市关爱行动组委会办公室和福田教育科学研究院联合主办周年庆和未来共享教育发展论坛。周年庆上，北京、上海、江苏、新疆等地的名特优教师，以及德国、澳大利亚、加拿大的爱心人士纷纷发来祝贺视频。

3月，创始人获得"深圳十大爱心人物"称号，深圳电视台做专访。

4月，深圳地铁1号线播放共享学校专题片。

5月，成人冥想课程授课。

6月，共享学校成员组团在《江苏教育》发表文章。

7月，首次VIP课程开课。

9月，第二个线下核心基地——福苑小学开学。

11月，共享学校随组织部下人才研修院与汕尾精准扶贫对接。

11月，共享学校参与江苏教育厅"教海探航"30周年庆典课程传播平台。

12月，共享学校接受中央电视台采访，共享学校由深圳会展中心转出。

2019年

3月3日，第二批VIP课程开始授课，为期两个月。

4月14日，广东省"走乡村"送课下乡。

4月，给云南、四川等五地的希望小学传播课程。

5月，共享学校传播到广东省第二批骨干校长所在学校，共计50所。

5月，国学系列课程开讲。

5月，平台课程分类重新改版。

6月，高考冲刺课程开讲。

7月10日，第三批VIP课程授课，内容为自学能力培养。

7月，共享学校随宣传部下关爱行动组委会办公室赴江西省寻乌县授课，进行对口教育扶贫。

7月15日，支持江西革命老区寻乌县开展支教活动，为老区教师送去培训课程。

7月18日，爱国主义课程开启。

9月2日，网络多画面切换巡课平台开始试用。

10月，诗经、国画等中国传统课程开课。

11月23日，五个小语种课程开播（日语、俄语、法语、西班牙语、德语）。

12月11日，被广东省网络安全和信息化委员会办公室、精神文明建设指导委员会办公室评选为"2019十佳网络公益项目全国创新项目"。

12月，评选"网络公益年度创新项目"。

2020年

2月6日，北京线下基地正式开启直播。

2月，福田区党员公开课线上培训六场。

2月10日，小学生小主播课程开课。

3月，线下基地开启加密的专属主题系列课程。

3月，全国转发深圳市中小学名师精品同步课程。

4月，中国外交部候任外交官、深圳儒家文化研究会会长韩望喜开设系列课程。

5月，课程平台对接深圳教育传媒"深学"。

5月，卓越集团支持寻乌成立"卓越魔法直播间"。

5月，《深圳晚报》开设专栏，推出共享学校优质课程。

6月，开启10后小主播阅读推广课程。

三、媒体报道

曾经报道过的媒体：

（1）深圳先锋898。

（2）《深圳晶报》。

（3）深圳新闻网。

（4）深圳电视台：《第一现场》《城市发现》栏目。

（5）《深圳商报》。

（6）《深圳晚报》。

（7）《南方都市报》。

（8）《南方日报》。

（9）未来网。

（10）高考直通车。

（一）部分媒体报道文章

"丑小鸭魔法直播间"开播，福田教育"飞"向全球

网络直播作为一种新兴事物，近年来可谓风生水起。当教育遇上网络直播，会碰撞出什么样的火花呢？3月12日，福田区全球公益直播授课名师共享平台——"丑小鸭魔法直播间"在福田区福民小学正式向全球公开直播。数十位来自深圳各区和省内外的名特优教师会聚一堂，共襄盛举。据介绍，"丑小鸭魔法直播间"是由福

田区特级教师工作室团队主持人、福田区福民小学项阳校长发起倡议，由深圳福田特级教师团队工作室筹办，深圳40多位名特优教师自愿参与的线上直播公益项目。

为什么要发起这个直播项目呢？在公开直播的仪式上，平台发起人、福民小学校长项阳告诉深圳新闻网："我的初衷就是助推均衡教育。而利用教育信息化手段，如直播平台，就能打破地域、时间限制，使优质学校的师资力量发挥最大的辐射作用，从而促进国家教育的均衡化和国际化发展。我们最棒的名特优教师就应该全国共享。"

项阳校长表示："要感谢这40多位名教师。说实话，用直播讲课确实是不小的挑战，毕竟众口难调，而且我们的课并不是精品打磨课，不能说完美，也希望社会给予我们更多的包容。"一位参与直播的"魔法师"告诉记者，自己是被项阳校长强大的个人魅力吸引过来的，同时也觉得这个项目非常有前景。

"当第一次听到项校长跟我分享要做一个全球性的教育直播平台的时候，我非常兴奋，感觉这个事情大有可为。"福民小学副校长康黎表示，自己也是第一个加入"丑小鸭魔法直播间"的"魔法师"，随后康黎名师工作室团队的优秀成员也纷纷加入。

在福民小学教学楼六楼校长办公室内，来自福田区红岭中学、荔园小学、龙岗平湖学校等深圳名校的十多位名师会聚一堂，热烈探讨着关于"丑小鸭"的未来。

在几天前福田区莲花小学举办的"丑小鸭魔法直播间"启动仪式上，深圳市委组织部副巡视员张谦对直播间的建立表示祝贺，并对直播间模式未来可能有助于教育均衡化发展提出殷切希望，鼓励深圳优秀的教育人才用创意改变深圳的教育，提升教育品质。

"我们将大力支持这种线上教学的探索。"福田区教科院信息部部长张健表示，直播间模式让教师的教育起到了更好的辐射和引领作用。深圳市教育信息技术中心副主任张惠敏则说："希望平台能做大、做强，汇聚更多'魔法师'，让更多需要优质教育资源的人受益。"

"'丑小鸭魔法直播间'打造了深圳特色、深圳速度的'可汗学院'，项阳校长带领的直播团队有情怀、有行动，课程内容有知识、有温度，教学模式有创新、有未来，这不仅是教育的变革，也是公益的标杆。"深圳市关爱行动组委会办公室副主任陈励这样说道。

据了解，"丑小鸭魔法直播间"目前共有6间直播室，其中福民小学4间、莲花小学1间，广东紫金县1间。作为首发的1.0版本，直播间开设了40多门直播课程，涵盖幼儿园到高中的各个学科。

除学科课程外，"丑小鸭魔法直播间"也有专门针对中考、高考的考前心理辅导课及高考自主招考面试辅导课。此外，还专门为家长群体开设了家庭教育案例现场分析辅导等课程。在以后的升级版中，直播间还将举办教育沙龙，邀请名师和家长共话教育热点问题。

多位参与此次直播活动的教师告诉记者，他们都是以个人身份来参加的，其中有三位校长、五位副校长，其他的也都是全市各个学校的中层骨干教师。他们对深圳新闻网的记者表示，自己之所以参加这个活动，就是因为它是纯公益性质的，他们也不想出名，所以要求记者不要写出他们的名字。

"我们只想为福田教育、为深圳教育、为中国的教育均衡化作一点微小的贡献。"一位教师这样说道，"作为教师，即使知道这个事情还面临着很大的困难，这个项目还有很长的路要走，但是我们愿意一起努力把这个事情（直播平台）做好。"

还有一位教师这样说道："如果我们按部就班地上课，也可以让家长称赞、学生认可、领导满意。但是现在有这样一个机会，能够让全国乃至全世界的孩子都享受到教育均衡化、信息技术进步的成果，所以我来参加了。"

在福田区"首善教育"的引领下，直播课程还将直达福民小学"手拉手"学校、福民小学"百校扶百校"学校。与此同时，项阳校长也心系云南、新疆、西藏、贵州及广东偏远地区，做好了为这些地区的教育对口支援学校捐赠直播课程的准备。

主播人员如下：

深圳市福田区特级教师团队工作室全体教师；

广东省于才名师工作室优秀成员；

深圳市尹庆华名师工作室优秀成员；

深圳市张冠群名师工作室优秀成员；

深圳龙岗区周东芳名师工作室优秀成员；

深圳市福田区孙国芹名师工作室优秀成员；

深圳市福田区傅红名师工作室优秀成员；

深圳市福田区康黎名师工作室优秀成员；

深圳市福田区福民小学星级教师团队优秀成员；

深圳彩乐坊名师。

（2017-03-13深圳新闻网　记者：黄思凌）

晶报评：课堂公益直播助力教育均衡化

近日，来自深圳各区的一众名教师齐聚福田区莲花小学，联手开启了福田区全球公益直播授课名师共享平台——"丑小鸭魔法直播间"，引发多方关注。

据悉，该直播间是由福田区特级教师工作室团队主持人、福田区福民小学项阳校长发起倡议，福田区特级教师团队工作室筹办，深圳40多位名特优教师自愿参与的线上直播公益项目，首发版本开设了40多门直播课程，涵盖了从幼儿园到高中的各个学科。

最近一两年以来，国内线上直播进入快速发展阶段，其中"网络直播+公益"模式正在日益兴起。直播平台由娱乐化、社交化转向公益化，使公益尝试有了无限可能，也优化了直播平台生态。而教育公益直播，更指向并维系了助力教育均衡发展的宏大主题。

教育发展均衡化是重要的教育使命。为了合理配置教育资源，包括深圳在内的很多地方实施了校长、教师轮岗等做法，希望通过名校长及优秀教师的流动，提升资源薄弱学校的师资力量，也取得了相应成效。但是从现实层面看，一来大规模轮岗恐怕难以实现，二来轮岗交流也有一定时间规定，覆盖面终归有限。

这个时候，教育公益直播就成了实现教育均衡的有益延伸与补充。它可以突破时空，把实体课堂搬到网上，只要有网络，偏僻山区的孩子也能享受到名师的指点；相距再远，师生之间、生生之间也可以通过音视频等方式进行实时互动交流。优质教育资源最大限度地在网络上自由"流动"，将使教育的"水位"逐步趋向平衡。此外，课堂直播也是一种更大范围的公开课，教师将面对更广泛的评价，这也反过来促进其教学能力的提高，从而形成教与学的良性循环。

实际上，国家层面对于教育信息化模式的引导早已出台。2015年，国家《关于积极推进"互联网+"行动的指导意见》中就特别指出，要探索新型教育服务供给方式，鼓励学校逐步探索网络化教育新模式，扩大优质教育资源覆盖面，促进教育公平。"丑小鸭魔法直播间"就是对这一政策的积极呼应，相信将来会有更多孩子领略到它的神奇"魔法"。

（2017-03-15晶报　编辑：陈琳君）

直播进课堂，教师当主播，这样的"魔法学校"你想上吗？

在深圳，有这么一所学校，课堂是"直播间"，上课的教师们叫作"魔法师"。学生只要在家，就可以参与名师们讲授的课堂，还可以与教师们在直播里互动，这就是"丑小鸭魔法公益共享学校"。

诞生于2017年年初的"丑小鸭魔法公益共享学校"是中国首个由民间发起，以名特优教师为直播主体的互联网共享教学形式，提供以单项直播、多屏互动直播、点播为主的真实教学场景。目前已经有120位名师成为"共享名师"，免费为有需要的学生提供精彩的课堂直播。

由深圳市教育发展基金会和深圳市人才研修院联合主办的"丑小鸭魔法公益共享学校"2017年上半年总结表彰会暨新学期课程建设研讨会日前举行，评选出"爱心义工服务奖""最有爱心课程""最佳课程设计奖""最佳直播间设计奖""最受欢迎课程"等奖项。

这一共享学校由福民小学校长、特级教师项阳一手创办，她联合了来自深圳乃至全国的名特优教师，对全球公开直播，希望利用现在当红的直播平台，以教育信息化手段，打破地域、时间限制，使优质学校的师资力量发挥最大的辐射作用，助推均衡教育，从而促进国家教育的均衡化和国际化发展。

最初，项阳校长在自己所在的福民小学进行直播尝试，很受学生和家长的欢迎。"很多家长通过直播能看到自己的小孩在课堂上的情况，这让他们很感兴趣。"项阳校长从而想到，自己可以让其他学校甚至其他地区的教师也加入直播的行列，联合教育界的专家进行权威发声。目前正在江西于都参加"蓝粉笔"公益培训计划的项阳校长，还把直播的设备带到了于都实验学校和于都第二中学，在支教的课堂上进行直播。

1. 教师是对课堂施魔法的"魔法师"

据了解，2017年上半年参与该公益项目的名特优教师达百人次之多，开播5个月来已经直播的课程有近百节，宣传片阅读量达1万多人次，线下参与辅导近2000人次（线下人数进行控制），直播和录播点击量10多万次。

"让教育变得有趣、好玩、有意义"是"丑小鸭魔法公益共享学校"的理念。"来到我们这里的都不是普通的教师，而是'魔法师'——有魔法的教师，我们的课堂是有魔法的课堂。正如我们这个共享学校的名字'丑小鸭'，'丑小鸭'的故事就是孩子在成长中被唤醒的过程。"项阳校长说。

在这个共享学校里，主要由深圳与江苏名特优公办教师担任主播。项阳校长介绍，她招募的这些"魔法师"要满足以下几个条件：要有爱心，能够在休息时间做这项公益活动；要懂得分享、共享；还要能适应直播课堂的要求。

在直播课堂上，授课的"魔法师"需要自己架好直播设备，摆好镜头，还要适应与平时不一样的讲课要求。"直播课堂和传统课堂不太一样。教师们不仅要面对线下的学生还要面对线上的学生，在与场内的学生互动时，心中还要装着场外的学生，要让场外的学生能清晰观看到。"项阳校长告诉记者，教师还要考虑课件什么时候播放，让手机端的用户看到的是课件还是现场等。此外，每节课时间也不能太长，要保持课堂的吸引力。

2. 打造中国版的"可汗学院"

"我们现在已经进入全球直播时代，直播中的教育有了新的意义，它可以属于乡村、属于城市、属于全世界的儿童。"项阳校长说，希望通过直播，突破教育发展不均衡的种种限制，唤醒千千万万儿童的自我教育。

起步不久的"丑小鸭魔法公益共享学校"已受到了众多关注，

前不久刚获得了"四点半学校"授牌，并得到了深圳市关爱行动组委会办公室的资助。"'丑小鸭魔法公益共享学校'让我想起了为全世界提供免费教育的'可汗学院'，这可能是'可汗学院'的中国版。"深圳市关爱行动组委会办公室副主任陈励如是说。而福田区教科院副院长杨春生认为，这所创新型的共享学校就像建立的新"太阳系"，每位名师如同有活力的恒星，在这个平台上持续发挥着公益引领作用。

（2017-07-21搜狐网　撰文：文嘉；编辑：洲璐）

"丑小鸭魔法公益共享学校"简介

"丑小鸭魔法公益共享学校"由深圳市关爱行动组委会办公室与深圳市教育发展基金会指导，由深圳市福田区福苑小学承办，是首个由民间发起的公益共享学校。该学校是以公立学校的名特优教师为直播主体，采用单项直播、多屏互动直播和点播等互联网共享教学模式的公益直播学校，打破了地域、时间限制，通过互联网免费为学生、家长及教育薄弱地区教师提供名师直播课堂，充分发挥优质学校师资力量的最大辐射作用，助推均衡教育，是网络扶智的典范项目。

项目发起人项阳现任福苑小学校长，是深圳面向全国引进的正高级名校长、特级教师，坚持支教、义教16年，是第十五届深圳关爱行动的十大爱心人物之一。在支教中，她意识到扶贫先扶智的重要性，为了克服只能在假期赴边远贫困地区开展教育帮扶的时空限制，为了让乡村学生可以及时享受到中国最发达地区的优质教育，2017年1月，她带领深圳15位特级教师成立了共享名师团，组建共享中心区，依托互联网以共享学校的新兴学校方式，开展网络扶智工作。经过一年多的努力，发展了56个固定和移动的共享中心，汇集了120名全国公立学校的共享名师，重点参与广东、四川、云南、甘肃、新疆、西藏等地的网络扶贫。目前，已公开直播课程300多节，线上点击量近50万次，线下服务学员万余人。

（2018-12-4新华网）

三三得玖教育科技有限公司惊艳亮相2018深圳国际教育装备博览会

12月26日，2018深圳国际教育装备博览会在深圳会展中心隆重举办。国家富强，教育为本，随着我国教育水平的进一步提高，教育装备产业迎来了巨大的发展空间和市场潜力。来自教育部门与学校的各级领导、专家学者、教育装备领域的业界同行齐聚一堂，共同见证了中国教育装备产业的发展。深圳市三三得玖教育科技有限公司携慕校智慧教室、慕校·校园直播台两大产品亮相本次博览会。

本次博览会，三三得玖教育科技有限公司与深圳福田区福苑小学、"丑小鸭魔法公益共享学校"联合展出。

三三得玖教育科技有限公司的慕校智慧教室产品体系，包含了慕校教视通和慕校云平台，展会现场搭建了模拟体验教室，并通过慕校教视通与福苑小学真正的慕校智慧教室连接，实现了多屏互动。更让人惊艳的是，慕校教视通的前后双摄像头可实现自动追踪，比如教师特写追踪、学生互动特写追踪等，让互动直播有了更好的体验和效果。工作人员介绍，目前福苑小学已经处于慕校教视通全覆盖的状态，慕校教视通最高可实现16屏互动，也就意味着大大增加了互动直播课程的参与度和共享效果。并且，直播课程可通过慕校云平台进行管理、存储、回放，最大化实现课程共享。

在慕校·校园直播台展示区域，福苑小学学生的古筝和茶道表演吸引了众人围观。慕校·校园直播台是为学生打造的素质教育新课堂，通过对校园直播栏目中创意、编剧、导演、道具、服装、灯光等内容的创作，提升学生的系统性思考和系统性创作能力，挖掘学生创造力，促进全面发展。同时还能通过校园直播拉近家校关系，提高学校教学质量和教育综合影响力。慕校·校园直播台同样以慕校云平台为基础，以慕校直播宝为直、录播工具，并且将学校微信公众号作为慕校·校园直播台的便捷入口，实现无缝接入，将受众集合在学校自有的官方媒体平台。

12月28日，为期三天的2018深圳国际教育装备博览会圆满结束，三三得玖教育科技有限公司借精湛的技术水准和优质的产品体系，再次成为同行中的一大亮点，吸引了众人驻足观看与咨询洽谈。本次博览会以独特的展示方式，为业界搭建了专业、精致、高品质的教育装备展示交流及采购平台。相信随着我国教育装备产业的发展，会不断推进教育水平的提高，并为教育均衡和素质教育的发展做出重要贡献！

（2018-12-28三三得玖公司宣传公众号）

关爱行动品牌项目频获大奖

随着2019新春关爱行动的持续深入，关爱行动历年来的各项重点品牌项目——"步步行善"新年公益网络行动、"丑小鸭魔法公益共享学校"、关爱空间等活动也陆续开展。这些活动近期还在国内多项公益评比中屡获大奖，展现出深圳的文明形象。

由孙影牵头的深圳报业集团孙影创新工作室凭借在社会公益以及教育扶贫工作上的出色成绩，近期入选由广东省总工会女职工委员会评选的"2018年广东省女职工创新工作室示范点"。全国道德模范孙影在教育扶贫领域深耕十余年，积极开展全国首创的"募师支教"行动，孙影创新工作室发起的"爱心小书桌""阳光洗衣房""留守儿童关爱空间"，以榜样力量引领各界参与关爱行动。

多个深圳关爱品牌在近期屡获大奖。在广东省委宣传部、文明办、网信办主办，金羊网承办的2018广东网络公益宣传推广活动总结推广会上，"步步行善"新年公益网络行动因其创新的公益模式，从全省122组公益项目和团队当中脱颖而出，荣获"2018年广东十佳网络公益项目"。在由中央网信办信息化发展局指导、中国网络社会组织联合会主办、新华网承办的2018网络扶贫论坛暨创新优秀案例发布会上，"丑小鸭魔法公益共享学校"荣获"2018年网络扶贫创新优秀案例"，成为网络扶贫的典范项目。在深圳市委政法委开展的"2018深圳市在营造共建共治共享社会治理格局上走在全国前列实践创新培育项目"评选中，"深圳市儿童医院·关爱空间"从全市众多的项目中脱颖而出，获评"实践创新培育项目"。这些关爱品牌载着荣誉不断成长，也托高城市的爱心高度。

（2019-1-30深圳政府线上）

（二）部分内部宣传活动

特级教师社会送教活动及全课程体验课程培训活动
——万名儿童为"丑小鸭魔法公益共享学校"代言

活动目的：

1. 加快"丑小鸭魔法公益共享学校"公益直播课程的辐射效应，让更多学生受益。

2. 培养学生主播的综合能力，如学会与人沟通、学会准确表达观点、学会想象，提高创作能力。

3. 提升学生主播的社会使命感和参与公益的荣耀感。

4. 发挥特级教师示范引领作用，探索不同形式的惠民工程。

活动安排：

1. 代言体验课程

（1）每位全课程教师向代言学生和家长介绍"丑小鸭魔法（简

称DM）公益共享学校"的诞生背景和意义价值，鼓励学生争当优秀代言人。

（2）每个代言人送出十张"丑小鸭魔法公益共享学校"书签，对我校学生以"自由"为主题的电脑绘画作品进行介绍，并鼓励他们在家长的协助下扫描二维码关注直播课程。

（3）每个代言人将书签送出后，教师组织学生完成创作故事《第一次代言奇遇》，精彩故事会收录为《太阳校长讲故事》的素材。

2. 社会送教活动

（1）每位特级教师做好台签，显示学科和年段，现场接受家长咨询。

（2）活动人数安排：

全课程每班2名学生和2名家长、特级教师团队代表和全课程全体教师，初定72+31+12=115人。

（3）活动地点：宝安书城。

（4）活动具体设计：

9：00集中到福民学校乘车。

上午9：30—11：00。

① 全课程教师辅助学生和家长代言。

② 特级教师接受家庭教育和各年段教学问题咨询。

中午参观周围公园，进行座谈。

下午2：30—4：00。

影视课程赏析和图书馆阅读体验。

4：00乘车返回。

（5）活动分工：

康黎：全面负责福民小学代表队。负责组织培训全课程教师，把握代言内容的准确性和有效性。建议有条件的家长带上平板，现场介绍进入直播间的效果。

张美玲：负责委托第三方代为支付活动经费；负责联系车辆，负责落实学生和家长就餐；负责代言书签的发放；负责活动资料的收集和宣传报道。

徐奔：负责整个代言过程中学生的活动策划、材料准备等。负责代言场所宣传环境的设计，如横幅、醒目二维码等。

姚莉：全面负责特级教师代表队。组织安排特级教师和全课程教师的就餐，安排特级教师的咨询分工和活动资料备份。

总结表彰会暨新学期课程建设研讨会

会议时间：2017年7月9日。

活动地点：深圳洛课邦德馆（福田区田面设计之都5栋一层）。

主办单位：深圳关爱行动组委会办公室

　　　　　"丑小鸭魔法公益共享学校"

支持单位：深圳市教育发展基金会

　　　　　深圳市人才研修院

　　　　　深圳市教育信息中心

　　　　　深圳市福田区教育局

　　　　　深圳市福田区教科院

活动承办：深圳市福田区福民小学

　　　　　深圳市茉莉教育发展基金会

　　　　　深圳市三三得玖教育科技有限公司

　　　　　深圳市福田区特级教师团队工作室

活动流程：

（第一段会议：表彰活动）

9：00　主持人樊倩致欢迎词，介绍到场嘉宾。

第一篇 激励篇

9：10 深圳市教育发展基金会陈观光主席致辞。

9：20 到场领导为公益课程主播颁奖（40人）。

9：30 "丑小鸭魔法公益共享学校"创始人项阳女士发言。

9：35 颁发"爱心义工服务奖""最有爱心课程""最佳课程设计奖""最佳直播间设计奖""最受欢迎课程"等奖项。

9：40 深圳市教育信息化中心杨焕亮主任发言。

第二篇 赞助篇

9：45 深圳市狮子会亮瞳服务队给公益项目捐赠助教机器人。

9：50 物资支持单位深圳市狮子会亮瞳服务队队长代宗易先生发言。

9：55 深圳市茉莉教育基金会给公益项目捐赠资金。

10：00 资金支持单位深圳市茉莉教育基金会理事长达岩女士发言。

第三篇 感恩篇

10：05 "丑小鸭魔法公益共享学校"创始人项阳女士向提供场所、技术、资金、物资的四家企业和为直播间题字的个人颁发感谢状。

10：10 技术支持单位深圳市三三得玖教育科技有限公司王锦国先生发言。

10：15 深圳市关爱行动组委会办公室为"丑小鸭魔法公益共享学校"授牌"四点半学校"，并发放项目资助。

10：20 深圳市关爱行动组委会办公室陈励副主任做活动总结。

茶歇，嘉宾离席。

（第二段会议："丑小鸭魔法公益共享学校"总结暨主播培训会）

10：35 项目组长项阳总结上半学期公益项目情况并介绍5年内计划。

10：40　项目副组长康黎讲如何提升直播教学技巧。

10：45　项目联络人康蓓蕾讲主播准备工作注意事项。

10：50　项目副组长孙国芹强调主播公约和主播纪律。

10：55　项目副组长姚莉强调代言计划落实策略及新学期课程预安排。

10：00　参会人员自由发言。

11：30　福田区教科院杨春生副院长和信息部张健部长总结。

文化在教育之旅中传承
——名师对话直播间执行方案

活动意义：

博大精深、源远流长的中华文化是世界文化史上独一无二的璀璨明珠，语文教学正是对中华文化精华的传承与发展。

为落实教育部关于发《完善中华优秀传统文化教育指导纲要》的通知，贯彻中华优秀传统文化教育"坚持学校教育、家庭教育、社会教育相结合"的基本原则，践行文博会"精准教育、智创未来"的核心理念，深圳广播电影电视文化产业有限公司特别开设"文化在教育之旅中传承——名师对话直播间"教育论坛。

本次公益活动旨在充分发挥行业领军人才在校长队伍建设中的辐射、引领和示范作用，以名校长带动名校长，提升校长的教育理论素养和学校领导的管理能力；探索建立一套发现、培养中小学后备领军人才以及优秀管理干部的新机制；培养一批理解教育、研究教育、实践教育、创新教育的高水平校长团队；形成一支胸怀教育理想，具有先进的办学理念、较强的研究和管理能力、鲜明办学风格的优秀中小学校长，使名校长工作室成为名校长和未来中小学教育领军人才的摇篮。

活动策划：

主办方：龙华区广播电影电视集团文化产业园

　　　　深圳市发明家协会

承办方："丑小鸭魔法公益共享学校"（中国共享学校）

　　　　深圳市龙华区清湖小学

活动地点：

广电中心龙华园区演播厅。

活动时间：

2018年5月11日8：40—12：00。

活动流程：

1. "丑小鸭魔法公益共享学校"创始人项阳作报告——《阅读文化与人生姿态》（约30分钟）

项阳简介：广东省正高级教师，江苏省特级教师，广东省"百千万人才培养工程"名校长培养对象，深圳市福田区福苑小学校长，特级教师团队等多个工作室主持人，深圳十大爱心人物，中国首个公益共享学校"丑小鸭魔法公益共享学校"创始人。

2. 教学风采展示（约2小时）

（1）清湖小学青年教师授课：谢以纯老师教授五年级课程《渔歌子》。

（2）"丑小鸭魔法公益共享学校""魔法师"授课：张国生老师教授五年级课程《弟子规》。

3. 教育论坛：教育与文化传承

主持嘉宾：

钟焕斌，中学高级教师，省优秀教师，深圳市坪山区教科研中心副主任，区域教育信息化应用推广负责人。

发言嘉宾：

凌志娟，深圳市初中语文名师工作室成员，龙岗区南湾街道下

李朗小学德育主任。（思品学科教师）

　　王镇坤，小学数学特级教师，福田专家工作室主持人，福田区园岭实验学校小学教科室主任。（数学学科教师）

　　左灿，深圳市英语名师工作室成员，龙华区"未来教育家"铸匠工程培养对象。（英语学科教师）

　　徐奔，全国全课程改革指导教师，福田区福苑小学课程中心主任。（全科教师）

第五章

5

1
2
3
4
5

线下基地建设

一、线下基地

（一）线下基地介绍

共享学校线下基地包括深圳地区、北京地区及正在建设的江西地区。最先进的线下基地——深圳市福田区福苑小学位于深港科技合作创新区域，由福田区政府建设。2018年9月正式开学，这是一所具有中国特色、教学理念一流、面向未来的"魔法"学校。

"丑小鸭魔法公益共享学校"的线下基地，是中国首个具有线上+线下教学功能的共享学校。学校的智慧中心包含"共享中心"（105个智能机器人学习端）、"学习中心"和"指挥中心"。这是由三间教室组成的合班挑高式教室，教室内设有超大清晰显示屏和150台移动终端，使用多种教学软件。教室兼具三个功能：其一是属于管理者的指挥中心——与区智慧中心相连接，用于观察、分析数据，具有调整教育管理的功能；其二是教学评价功能，通过大班集中移动终端教学来测评学生，将集中教学后的结果作为进行分组分层教学的依据，教师根据需要合班申请使用；其三是共享学习功能，每个学生的移动终端成为自学机，学生可以戴上耳机，与机器人对话自学，内容涵盖语数英的视频自学、语文新课标书籍阅读、国学经典系列、英语绘本和听说互动练习、语文课文自学互动、作文自创自改自评互动等，模块组织自学教学30分钟，学生再自由学习

10分钟，每周五下午四点半开始教学，每班15人。

学校的每一间教室都是全球直播间，每一位教师都是为全球学生服务的教育者。运用信息化手段，学校解决了中国教育不均衡和大班额的问题。通过大数据分析，学生的个性成长可以得到精准化支持。学生可以熟练应用现代科技设备，百余个智能机器人软件辅助学习，让学生随时浸润式了解科技的进步。中国应用互联网技术在全世界也处于领先地位，美国的"可汗学院"是爱心可汗以英文方式送给世界儿童的礼物，福苑小学的"丑小鸭魔法公益共享学校"也是爱心校长以中文方式送给世界儿童的礼物。学校的全体教师均担任全球直播教师，他们肩负中国教育均衡、教育扶贫的使命，将优质课程分享出去，且校内外名师形成合力，借助科技力量实现线上与线下的新型学习模式。同时，学校的整体信息化科技方案布局，在世界各国探索信息化教育领域中处于前沿。

福苑小学顶楼平台包括两个综合教学楼顶和一个主教学楼顶，其中，综合教学楼顶上以菜园、果园为主，另一栋楼顶全部种中草药，主教学楼顶分为花园、果园、菜园、粮食作物园几个部分，园区设计充满艺术美、安全感、舒适性和童趣。整个平台的设计施工不仅给校园增添了立体绿化的生态美感，更充分体现了校园平台是一个开放式学习的空间。学校顶楼平台融入"中华医道""科学探索""自然阅读""艺术创作""农耕劳作"等教育，使其充分体现了为儿童生命成长创造艺术空间的作用。这个开放的教育空间设计了中央讲堂，通过全球直播将成为向世界展示中国美育的基地。学校的真理树是菩提树，寓意"一花一叶一世界"，而平台被学生们起名为"物语天地"，寓意"一物一语一天地"，他们将借助劳动工具和高级显微镜与天台之物真诚对话，让这里成为一片富有灵气的天地。

（二）线下基地线上课程设计

以生活为课堂、以环境为教育的线上学习实例
——线下基地福苑小学"全人"理念下的线上课程

以"全人教育"为指导思想的福苑小学，一直走在探索"全课程式"跨学科整合教育的路上。在特殊时期，学校忠实执行区、市课程内容和时间建议安排，根据学校目前仅有低年段的特点，将课程内容按照每周学习主题进行归类，给学生提供的学习内容趋向综合化、生活化，重视课程资源均衡化。让主题开始生长，学习走进生活，课堂发生延展，过程不断生成，最终形成"以生活为课堂、以环境为教育"的线上学习样态。

1. 不断"生长"的课程架构——以生命为进程

根据当下社会环境、学习认知规律、健康生活指引等方面，每周设定一个学习主题。纵观这两个月的课程主题，我们的课程仿佛具有生长的能力，陪伴学生每一阶段的需要，陪伴学生一起成长。我们的课程在冬日里播种，在初春时抽芽，在线上学习中开花，在返校前挂果。

2月，我们开始线上学习之初，学校开展了一个"发现了不起的自己——寻找10后小导师"活动，鼓励学生将自己在社团活动中掌握的"绝活"，用录制短视频的方式教给其他同学，也用这样的方式为即将开展的线上学习预热。学生先行先试，让接下来的学习活动自然"破土"。

由此，我们以"了不起的自己"为学习主题，开展回顾假期视频征集活动的同时，对处在线上学习初期的学生进行成长教育。让线上学习，激发学生的责任和爱，培养学生的勇气与信心。

其后，我们用"春天的计划""春的希望""妈妈的好帮手""我的祖国和我"等一系列学习主题，帮助学生建立目标，引

导学生关注自然环境、生命教育、爱国教育……不断在课程学习中注入信心。从种植主题发展到关注家庭节日的主题，再由家庭到国家，走向自然、走向世界……

以"为地球做一件美丽的事情"为学习主题，根据当周"气象日"和"地球熄灯一小时活动"，将各学科学习指向环保方向；以"传统节日"为学习主题，帮助学生理解中国的传统文化；以"家乡美食"为主题，结合语文课本，各学科开展技能、知识的学习；以"怎么都快乐"为主题，各学科展开侧重心理健康、生命教育等内容的学习。

在整个线上学习阶段，各班教师通过各不相同的记录和评价，对所有学生的过程性学习投以极大的关注。目前，已经完成十多次大小不同的主体性学习，全校学生共同完成一项各学科参与的项目式学习。学生创作了一批优秀作品，部分课程也成为区里推荐的教学资源。

2. 不断深入的课程面貌——以生活为内容

学校自从开始线上学习，学习主题便一直来源于生活。

（1）用学生生活助力课程

福苑小学的线上学习是以"发现了不起的自己——寻找10后小导师"活动来开启的。福苑小学的100多位"小导师"，用自己录制的视频分享生活技能、科学知识等。在讲授的过程中，他们开始思考如何能让其他同学听懂自己所说的内容，于是制作道具，实际演练，利用图表，甚至学习制作视频动画和特效，努力地让自己的语言清晰、精练，仪态自信大方。最好的老师是自己，最真的课堂是生活，最高的学习是教授。"小导师"们把生活中的点滴都视为可学习、可分享的素材，在做中学、在教中学。这一活动可谓承上启下，既是对学生假期生活的总结与升华，又以线上定时播出的形式，为这段令学生终生难忘的线上学习生活作了开场式。

（2）用生活实践滋养心灵

不同于讲授式的心理疏导课程，福苑小学将心理调适与疏导的内容嵌入真实事件和可操作性的活动中，采用了更适合低年段学生的活动形式，关注其心理健康，使学生在学习中获得力量和希望。

低年段学生学业压力较小，也不存在典型的心理问题，根据学生年龄的心理特点，我校在每天的"心理疏导，健康生活"时段，都会开展音乐赏析、吹奏表演等活动。既放松了身心、提高了专注力，又能掌握相关的乐理知识。

在"春天的希望"主题学习周里，我校的心理疏导活动以"种植"为策略，鼓励学生亲手种下一株大蒜或几粒豆子，练习做科学观察记录，在养殖日记中发展写绘技能。同时，在植物的生长过程中，减轻教师及学生的焦虑情绪，汲取生命的力量，感受和理解成长的节奏与意义，产生对未来的憧憬和向往。

（3）用学习研究为生活发声

在主题式学习稳步前进、逐渐常态化的同时，我校师生开始了新的项目式学习的积极探索。福苑学生在"为地球做一件美丽的事"主题学习周内，开启了"世界，我想对你说"的项目式学习，向世界发出来自中国青少年的铿锵之声和祝福。每位福苑学生从入学起就开始学习除英语外的第二外语，但语言学习必须放置于真实社会生活场景中才有意义，"世界，我想对你说"的项目式学习正是为学生创设了这样一个最为鲜活生动的情境。

该学习项目的实施主要分为三大阶段：第一阶段，学生收到一份包括详细操作指引、项目进度表和九大探究问题的项目导学单，以小组为单位，学生合作收集关于所学小语种国家的人文地理、中外关系等资料。小组之间任务不同，探究成果班内共享，将其作为资料储备。第二阶段为个性化创作，学生首先共学一堂专门为该项目设计的写作指导课程，然后开始自主创作一段写给小朋友的话，经过多次修改打磨，优秀的作品在班级内展示，最后形成每班一稿。第三阶段，将文稿转换成外语，由小语种老师指导，学生亲自参与录制、制作视频，形成项目的最终成果——一段用纯外语表达的对世界小朋友的祝福。

在项目的实施过程中，我们欣喜地看到：学生的家国情怀不断加深，以推动社会发展为己任的理想在学生心中生根发芽，学生之间的合作意识不断增强，线上讨论为小组合作提供了极大的便利，许多学生主动地组织、参与小组讨论活动，同时毫无保留地给予同伴鼓励和赞美；学生在项目式学习中不仅收获了知识与技能，更获得了精神成长和自我认知。有的学生为了收集资料，一边查字典一边上网搜索；平时内向的学生为了向同学们展示研究成果，鼓起勇气在班级群里发言；很多学生为了说好一句外语的发音，一遍又一遍地练习……当我们为学生搭建好一个充满挑战的平台，学生的好奇心与内驱力就会自动激发他们探索的热情。

3. 逐渐壮大的课程师资——以成长为目标

（1）授课教师队伍不断扩充

此前，我校在校长的引领下，线上教学模式就已经常态化。学校曾发布"科学家进校园""交警叔叔讲安全""读书月讲故事"等大小几十场全年级或全校的直播课程；也在两年内持续输出"太阳校长教写字""先锋书记书法课"系列课程；还在居家期间为"福田区党员教师公开课"等系列培训做直播技术支持。我校项阳校长还因线上共享学习事迹，获"深圳市十大爱心人物"称号。

办学至今，大量的线上教学模式探索和经验累积，使我校教师不用过多的技术性培训，就能独立制作一节成熟的录播课。我校每位教师都可以灵活选用几种录播剪辑软件，熟练完成视频剪辑甚至操作非线性编辑系统。为适应线上学习各个阶段的需要，我校教师可随时根据学习进度加入线上授课队列。

我校项阳校长和黄现丰书记，更是在线上持续教授我校的特色写字课程。以审美带动记忆，以文字起源、字词拓展等形式联动语文课本。线上认字赏析，线下习字实践，所有班主任教师对学生课堂练习"云点评""云批改"。很多家长也热情参与其中，线上"晒帖"，互相交流经验……这既保证了我们线上输出课程的精品化，也对全体教师起到榜样引领作用。

因我校的"全人"育人理念，我们还持续关注课程与课程之间的关联和延展，关注学习的整体性。比如，在周四"科创日"，"爱清洁"老师带着学生们用数学比例知识，以橘子皮为材料，自制洗洁精。做好的洗洁精装进了废旧瓶子里，被"爱清洁"老师从广东肇庆"丢出去"，通过老师自己剪辑视频，神奇地被江西九江的"小彩笔"老师隔空接到。其后，"小彩笔"老师会承接上节课的知识，对废旧瓶子进行艺术包装，用来分装消毒液、洗洁精等清洁用品。虽然是不同的老师授课，但所涉及的知识是完整和流动的。两节课程的内容根据居家生活实际情况设计，都从学科知识指向生活实践，让学生的学习中有欣赏、有实践、有健康、有生活。

截至目前，我校所有教师均参与线上教学活动，参与率达100%，形成了自校长至年轻教师"各展所长""以人定岗"的优质教学模式。

（2）学生助教闪亮登场

线上学习期间，在学校的引导和鼓励下，很多学生自告奋勇地做起了线上班干部。每天每节课前，班干部会在学习群内"云提醒"："同学们，××课就要开始了，请大家做好课前准备，全屏观看，科学用眼。"经了解，不少家长都会支持并鼓励自己的孩子尝试这项任务。有些学生曾经在学习生活中有拖沓和走神的现象，但是参与线上学习后，一直能够坚持每天做好课前提醒工作，并且线上实践过程中也能起到示范作用。据长期观察，担任了线上班干部的学生，往往课堂专注力、表现力明显优于以往。

除了课前提醒，这些线上班干部还形成了线上同伴互助小组，线上组织组内同学，围绕老师的线上教学内容展开讨论和研究。而对于班级内个别"人上线而心不上线"的学生，班主任的课堂观察和干预会减少。这时线上班干部显得尤为重要，通过学生之间、学生家长之间结成的帮扶小组，以自己为中心，将所有学生的精力聚集在一起。

另外，课堂中学生的"出镜"率也不断地提高，学生在线上学习的课程中做示范、展才艺。比如，我校204班的段延鑫同学，是一名蒙古族儿童。他身着特色民族服饰，在我校徐奔老师"民族娃娃"的美术课堂上侃侃而谈，该课也入选区美术教研室推荐课程资源。学生参与课程教学，既能将学习资源生动化地呈现，又可以提高授课效率、提高学生兴趣、增加课程趣味。

（3）家长资源丰富课程

多了解家长，和家长保持沟通，相当于拥有一座课程资源宝库。而家长对课程的参与，一方面说明家长对课程的了解度高，另一方面也是对学校办学的支持和认可。我校205班家长，也是网络纸黏土博主，为我们的美术、综合实践等课程教学提供了大量资源。204班家长，在班级群里"晒了"自己制作的电饭煲蛋糕，备受欢迎。于是配合综合实践课主题"早餐吃什么"，该家长重新制作成一个学生能够完成的视频教程，使电饭煲蛋糕成为校内的"网红蛋糕"。

类似的案例还有很多，学生父母、爷爷奶奶都热情地参与学校课程建设，也理解了线上教学的不易。深度的家校合作、资源的共建共享，都为线上教学的持续良性开展提供了"人和"保障。

通过这次的线上学习，整个社会都迎来了一场教育的变革，可能有的人早已觉醒，而有的人依然"睡眼惺忪"。但无论如何，这场推动教育资源公平化、改变学习场景和方式的变革已经到来。沿用他人经验固然重要，但是因地制宜地发掘自己学校的特色才是根本。福苑小学在这次线上教学中，坚持做有前瞻性、有准备、有思想的教育探索，珍惜每一个教育契机，将这次线上教学积累的优势和经验移植到复学后的课堂教学之中。

附：

线下基地福苑小学"全人教育"学科融合课堂教学评价表

班级：_____　　学科：_____　　任课教师：_____

课题：_____　　观课时间：　年　月　日　第　节　观课教师：___

对象	评价要素	具体要求（参考）	优	良	合格	基本合格	不合格
教师	教学目标	1. 多学科目标明确、具体、切合实际 2. 在知识学习基础上体现出发展的多维需求 3. 落实学习主题，指向"全人"培养					
	有效教学	1. 善用自身特点与优势，有效激发学生的学习兴趣 2. 各学科合理融合，基础落实，重难突出 3. 大情境下联系生活，促进学生深度思维 4. 活用教法，任务优化，促进学生高效学习 5. 关注差异，多元评价，促进学生个性发展 6. 自然渗透，情意发展，促进学生提升素养					

续表

对象	评价要素	具体要求（参考）	优	良	合格	基本合格	不合格
教师	教学素养	1. 教态大方，有亲和力 2. 语言清晰，有启发性 3. 熟用多媒体，重视板书 4. 体现教师跨学科素养					
学生	参与状态	1. 兴趣浓厚，全员参与，全程参与 2. 学习主题清晰，学习有方法、心中有目标 3. 思维活跃，答问有见解 4. 学习主动，探究合作，能自己得出结论 5. 课堂有纪律，活动讲秩序，师生有默契					
	达成状态	1. 大部分学生不同程度达成多学科教学目标 2. 思维活动有深度，多数学生能灵活解决学习中的问题 3. 让学生获得成就感，有积极的情感体验					
教师情况		1. 跨学科任教科目 2. 跨学科教学时间 3. 本节课设计思路及风格					
课堂情况		1. 学生成长档案建立情况： □优秀 □良好 □合格 □基本合格 □不合格 2. 课室环境（环境布置、美观整洁等） □优秀 □良好 □合格 □基本合格 □不合格 3. 学生课间表现（有礼貌、自控能力、铃响归位、课前准备等） □优秀 □良好 □合格 □基本合格 □不合格					

续表

对象	评价要素	具体要求（参考）	优	良	合格	基本合格	不合格
评价等级		□优秀　　□良好　　□合格　　□基本合格　　□不合格					

说明：评价等级标准★优秀：教师素养很好，学科功底很扎实，课改理念很新，教材处理很灵活，教学过程十分突出学生自主学习地位，学生学习兴趣浓厚，"双基"落实到位，思维能力得到较好提升。★良好：教师素养较好，学科功底较好，课改理念比较新，教材理解准确，教学过程比较突出学生自主学习地位，学生"双基"基本落实到位，思维能力有所提升。★合格：教师素养一般，学科功底一般，课改理念一般，教学过程中一问一答的传统教学方式使用较多，教学内容没有知识性错误。★基本合格/不合格：教师素养低下或差，学科功底差，教学理念陈旧，教学方式落后，甚至教学内容出现知识性错误，"双基"没有落实到位。注：若评为基本合格或不合格，需再次观课、复核。

线下基地福民小学"全人教育"专业学科课堂教学评价表

（各学科通用）

班级：_____　　　学科：_____　　　任课教师：_____

课题：_____　　观课时间：　年　月　日　第　节　观课教师：_____

对象	评价要素	具体要求（参考）	优	良	合格	不合格
教师	教学目标	1. 目标明确、具体、切合实际 2. 在知识学习基础上体现出发展的多维需求				

续表

对象	评价要素	具体要求（参考）	优	良	合格	不合格
教师	有效教学	1. 善用自身特点与优势，有效激发学生的学习兴趣 2. 整合资源，环节合理，基础落实，重难突出 3. 创设情境，联系生活，促进学生深度思维 4. 活用方法，瞄准起点，促进学生高效学习 5. 关注差异，因材施教，促进学生差异发展 6. 言传身教，自然渗透，促进学生情意发展				
	教学素养	1. 教态大方，有亲和力 2. 语言清晰，有启发性 3. 熟用多媒体，重视板书				
学生	参与状态	1. 兴趣浓厚，全员参与，全程参与 2. 课前有预习，学习有方法，心中有目标 3. 思维活跃，答问有见解 4. 学习主动，探究合作，能自己得出结论 5. 课堂有纪律，活动讲秩序				
	达成状态	1. 大部分学生不同程度达成教学目标 2. 思维活动有深度，多数学生能灵活解决教学中的问题 3. 让学生获得成就感，有积极的情感体验				

续表

对象	评价要素	具体要求（参考）	优	良	合格	不合格
教师情况		1.跨学科任教科目 2.本学科教学时间 3.本节课设计思路及风格				
课堂情况		1.学生成长档案建立情况 □优秀 □良好 □合格 □基本合格 □不合格 2.课室环境（环境布置、美观整洁等） □优秀 □良好 □合格 □基本合格 □不合格 3.学生课间行为表现（有礼貌、自控能力、铃响归位、课前准备等） □优秀 □良好 □合格 □基本合格 □不合格				
评价等级		□优秀 □良好 □合格 □基本合格 □不合格				

说明：评价等级标准★优秀：教师素养很好，学科功底很扎实，课改理念很新，教材处理很灵活，教学过程十分突出学生自主学习地位，学生学习兴趣浓厚，"双基"落实到位，思维能力得到较好提升。★良好：教师素养较好，学科功底较好，课改理念比较新，教材理解准确，教学过程比较突出学生自主学习地位，学生"双基"基本落实到位，思维能力有所提升。★合格：教师素养一般，学科功底一般，课改理念一般，教学过程中一问一答的传统教学方式使用较多，教学内容没有知识性错误。★不合格：教师素养差，学科功底差，教学理念陈旧，教学方式落后，甚至教学内容出现知识性错误，"双基"没有落实到位。注：若评为不合格，需再次观课、复核。（基本合格内容略）

（三）线下基地名师授课反思

美味十足的线上游乐场
——以小学美术线上游戏化教学为例

美术课程标准指出，第一学段的1~2年级学生，在其学习领域，建议以游戏等多种方式，体验不同工具和素材的表现效果，借助语言表达自己的想法。

小学美术注重体验过程，在培养学生艺术语言表达能力的同时，感受多种素材带来的不同表现效果，因此我们的线上课堂也应该遵循课堂多元化，利用数字新媒体等技术，结合已有的空中课堂、课程资源包，开阔学生眼界。游戏化教学在课堂中则是小学美术线上教学的一重大突破口。

低年段学生通过体验美术课堂中的乐趣，逐步完成美术造型、设计、欣赏、综合探索等领域的学习，"美味"十足的线上课堂就像学生们肆意想象的游乐场。

1. 特殊"背景"下的小学美术线上教学

（1）小学美术线上教学现状

自教育部提出"停课不停学"以来，各级各类学校响应号召，小学美术的线上教学也紧锣密鼓地开展起来。以深圳市为例，各区学校采用了不同的小学美术线上教育教学方法。其中，主要有两种方式：一是采用线上直播课形式的线上美术课堂；二是采用线上直播课形式的录播美术课堂。

各级各类学校线上美术课堂所使用的软件也不一样。有的注重学生能否及时打卡；有的注重学生与教师的课堂互动、线上美术教学作业的即时评价等；还有些聚焦课堂时效性，开发回看功能，学生对不懂的部分可以随时回看学习。

面对功能如此丰富的平台，学生线上学习期间如何在美术课堂中集中注意力呢？这是笔者提出课题的初衷。美术是一门需要将欣赏、实践、创新结合的学科，如何高效地将小学美术线上教学质量提高，需要教师结合学情分析设置课程。

（2）小学美术线上教学游戏化的特殊性

小学特别是低年段一、二年级的学生，在美术课堂中往往是非常热情、充满兴趣、容易投入的。而线上美术课堂教学中，却容易出现学生不愿意使用举手功能回答问题、在课堂上的某些环节互动性不强、对于课堂实践不重视等问题。

因此笔者认为，线上教学中可以适当采取游戏化设置，注重学生的本我体验，提高学生专注力、课堂趣味性，延伸学习感悟。教师可以根据学生学情及个人个性特点，开发创意课堂。游戏化教学也应有其学科特点，美术学科需要结合学科本身特点渗透课堂知识。例如，线上游戏化教学《神奇的泡泡》一课时，学生首先体会了泡泡能够吹出的形状、颜色等特性，紧接着通过科学与美术课程相融合，了解到洗洁精改变了水的表面张力，使泡泡变得又多又密。学生通过游戏实践了解了泡泡的各种特性，从而更好地进行美术创作。

著名儿童美术教育家杨景芝教授认为，学生除了物质生活，还需要更高层次的精神生活，具有指导性的科学美术启蒙能给学生带来启发。笔者在尝试游戏化教学后发现，对于学生来说，"游戏"二字的吸引力是非常大的，在游戏中能够获得知识是充满诱惑的。因此，在线上游戏化课堂伊始，学生就处于强烈的好奇当中。

（3）小学美术线上教学游戏化的必要性

基于小学美术线上教学的实际，教师在线上教学游戏化课堂中，适当设置游戏环节，引导学生对于课程本身产生感受及培养相应的创新想象能力，激发学生对于未知知识的渴求心，保持课堂始终处于活跃状态。

例如，在课堂导入中设置游戏环节，可以快速吸引学生的注意力，着重关注学生的体验，把课堂还给学生。学生也可以通过线上教学游戏化课堂与其他同学进行良性互动、小组合作探究，从而不断提高美术课堂的实效性。

在笔者的游戏化教学课堂前期也出现过这样的一种误区，个别家长认为学生的美术作品需要"画得像"才是好的作品，其实这种思想也是需要改变的。艺术比较怕的就是同一种套路，学生的画通常是根据自己抽象的感悟，通过自我认知具象表达出来的，而往往这种表达也不是成人理性化的表达。

形成一种良好的辅导方法，需要教师做到使学生用正确的、多维的思维方式，提高其审美意识和鉴赏水平。

2. 小学美术线上教学游戏化实践探究

（1）小学美术线上教学游戏化可行性探究

把学生始终作为教学的中心，才能让学生在课堂上真实高效地学习。小学美术线上教学游戏化课堂是一个很好的突破口。在教学过程中，特别是低年段的学生天性活泼、爱玩，通过游戏化课堂可以很好地让学生在学习过程中融入课堂，提升想象力及创新能力，充分发挥自主学习能动性。著名教育学家皮亚杰曾经说："一切有成效的工作都是以某种兴趣为先决条件的。"因此，从学生本身出发的小学美术线上教学游戏化是可行的。

（2）课堂实践探究——以福苑小学为例

① 好的开始是成功的一半——课堂导入游戏化。在课程设置上，与学校周主题和每日主题相呼应，课与课之间有连接。例如，本节线上美术课《瓶瓶变形记》与当日数学课前后课程关联。数学老师在数学课《自制洗洁精》中讲授数学中的比例知识，并自己动手调配洗洁精，装进废旧瓶子中。两位教师通过后期视频技术对课程视频开头与结尾进行了巧妙衔接。美术老师接住了数学老师课堂结束后"丢出"的洗洁精瓶子，紧接着用游戏化教学方法，在接下来的一节课中带领学生动手利用废旧瓶子进行包装，倡导废物利用、环境保护等理念，使学生仿佛身临其境，受益匪浅。

② 保持强烈的学习兴趣——课堂发展游戏化。游戏化课堂，可以让学生保持学习兴趣。例如，在一年级第四单元第15课《指偶真好玩》一课中，笔者结合居家学习背景，创新课程《咚咚锵》，结合学生学情，旨在引导学生感受春节及中国传统文化，借助历史悠久的传统文化美术故事，引入传统的舞狮文化，使学生对舞狮文化十分感兴趣。

依托著名教育心理学家霍华德·加德纳的多元智能理论，通过游戏化课堂扮演"小小舞狮家"、开放多元的评价与作品展示，使学生认识中国传统文化的无限魅力，培养爱国情怀，让每位学生都可以领略到舞狮等传统文化的魅力。学生们有的舞狮，有的唱歌，玩得不亦乐乎！

③ 作品展示多元化——游戏化展示。通过科学与美术学科融合，游戏化教学也可以十分有趣。

《抓住时间》这节课为"春天的计划"主题学习活动，结合当日的特殊环境设计课程，属于线上教学第二周一年级的美术教学内容。本节课抛砖引玉，使学生思考：时间有样子吗？人能够留住时间吗？时间对于"美术"而言意味着什么？培养学生勤思考、勤动手和做事有规划、懂分配的好习惯，开拓其创新意识。

本节课也与当日的前后课程相关联。学生在当日的数学课中学习认识钟表，美术教师就在本节课带领学生参观"画展"，欣赏画家和古人是如何抓住时间的，并且通过自己的实践也能够抓住时间。本节课以时间为切入点，通过赏析名画，了解历史与科学知识，动手尝试制作简易日晷，学以致用。学生通过本节课的学习，对时间有了更加深刻的认识。因此，线上课堂中的作品展示环节也是非常重要的部分。那么，线上课堂中的作品应当如何多元展示呢？

笔者认为，作品应该尊重学生想要表现的方式，突出其作品的个性化，这就需要教师在设计该环节时注意尊重学生的"天性"。

例如，教师采用固有的评级评价方式是较为不妥的，可以借助线上教学平台的优势，依托其先进的展示工具、多媒体技术，进行真实感受的人机交互。教师可以借助线上教学平台，实现隔空展示等互动操作，提炼出某一个典型作品，将平面二维化的作品以三维立体化的方式展现出来。

如果条件允许，学生可以借助线上教学平台进行自我展示与介绍，在展示自己作品的同时介绍作品名称、创作思路、想要表达的情感等，拉近学生与学生之间的"线上距离感"。当然，线上展示过程中，教师也应该举出几个相关问题的典型实例，让学生进行思考或者小组讨论，避免在之后的创作中出现相同的问题。课后，学生也可以在该同学展示的作品下面进行评价，交流想法。

3. 展望未来游戏化教学新模式

（1）基于游戏化教学的几点思考

游戏之所以能抓住广大玩家的眼球，就某一维度来讲，得益于其游戏机制。在游戏中，玩家通过了某一个关卡后，都会获得相应的奖励，这会让玩家获得成就感，游戏化教学亦是如此。

教师可以在课堂教学过程中加入适当的"小难题"，适度增加挑战性。在课堂上设置相应的通关奖励，一方面可以刺激并且保持学生的注意力，另一方面也可以使学生收获成功的喜悦，使学生愿意主动沉浸在线上美术学习中。寓教于乐，寓学于趣，这也是笔者从事教学以来一直坚信的指导思想。

兴趣是一种提高学习效率的有效动力，能够调动学生的学习积极性。美国著名心理学家布鲁纳曾经说："学习最好的刺激，乃是对所学教材的兴趣。"由此可见，根据学情判断，游戏化教学能够调动学生线上学习的兴趣与积极性。

（2）游戏化课堂——感受生活中的美好

美术的学习离不开我们的生活。在大多数情况下，美术作品的灵感也源于生活，并与其密不可分。因此，在培养学生审美能力的同时，教师也需要引导学生善于发现生活中的美。通过游戏化课堂教学，教师以兴趣作为"燃点"，点亮学生对知识的渴求；以"会玩"为突破口，让学生在轻松愉快、感同身受的氛围中主动学习。这也是我们福苑小学的办学愿景——师生一体。

小学美术线上教学游戏化课堂还需要继续打磨，"深入实践、持续探索"的教学精神也需要继续落实。通过线上小学美术游戏化课堂近几个月的学习，学生已经逐步熟悉线上教学的模式。在这段特殊的时间当中，学生除了收获丰富的知识，也收获了许多感动与美好。

笔者相信，线上教学不会就此结束，小学美术线上教学游戏化课堂亦是如此。无论是教师的教，还是学生的学，我们都需要实现共同进步、共同成长。人在成就自己的同时也能成就他人，照亮自己也能温暖他人，也许这就是教育者的幸福。

（朱波儿）

我的主播生涯

说起主播这个职业，相信大家都非常熟悉。在网络发达的今天，我们的生活因为网络而日新月异。尤其是网络主播的出现，改变了我们的学习、购物等日常活动，成为我们生活中不可或缺的一抹独特色彩。

1. 转身

主播和教师，看似有着十万八千里的差距。一个是通过网络，利用摄像头进行产品宣传；一个是面对面式的，进行言传身教。但是，在这个特殊的时期，主播和教师却紧密地联系在了一起。

2020年春，我校积极开展线上教学活动。而通过这段时间的线上教学，我从一名站在讲台上和学生面对面进行教学的普通一线教师，变成了一名熟悉各种软件、精通录制和剪辑的主播。

在线上教学刚提出的时候，我和很多同行一样，感到焦虑和茫然。尤其是作为工作经验只有一年的英语老师，我要怎样进行线上教学？怎样在有限的时间内设计合理的课程内容？怎样确保学生的学习效果？诸如此类的问题一直像石头一样压在我的心头。但是既然提出了这样一种教学方式，我认为也是一次良好的学习机会。在网络飞速发展、人工智能逐渐兴起的今天，很多行业都面临着这样一个问题——我们会被人工智能取代吗？也许通过这次的线上教学活动，我们对自己未来要成为一位什么样的教师能够有所感悟、有所思考。

在线上教学刚提出的时候，区里、学校对我们进行了紧锣密鼓的线上培训。从如何运用各种线上教学软件，到如何设计课程，一个又一个原本像石头一样坚硬的问题正在逐个击破，而我却从一开始的焦虑茫然，变得更加紧张了，因为新的问题又出现了。我所教授的是二年级的学生，作为低年段的学生，注意力、自制力等方面肯定比不上高年段的学生，我要怎么做才能让课程变得更加有趣从而吸引学生学习呢？带着这份焦虑和担心，我开始了主播生涯。

2. 模仿

一开始，我的课程设计主要依托于教材文本。这样上了一两节课以后，开教研会时，领导说："线上教学并不是把平时的传统课堂搬到网络上。"再次引发了我的思考。我逐渐发现，我的焦虑、紧张和担心，其实都源于我对平日课堂实施的信任感。这份信任感主要体现于我能面对面见到学生，看到学生的一举一动，能从他们的身上得到我实施教学的实时反馈，从而调整自己的教学行为。相反，线上教学让我感到不适应——我见不到学生，无法通过学生的实时反馈进行教学行为的调整。再深层次的原因，还是源于我不够自信。我太过拘泥于线上教学中"线上"这一教学形式，因此我的课程重心放错了位置。

意识到这一点之后，我开始进行摸索和调整。有一次，我利用企业微信群的直播功能召开了一次线上班会。看到屏幕上家长和孩子们说"老师，看到你真开心"时，我突然想起了平时自己看视频的一些感受。在平日的生活里，我经常会打开不同的平台浏览不同的视频。这其中，我看得最多的就是vlog。看vlog时我经常会觉得自己似乎就是和主播面对面地在进行实时互动，主播自然的叙述、一来一回在镜头前的问答……都让观众们打心底里感觉特别亲切、自然。

为了让自己的课程有这样的感觉，我重新审视了一番自己的课程设计，然后开始在一些环节中做出改进。首先是课程PPT的制作，我模仿了主播的vlog封面，在版面和图片上下功夫，做了一番设计。我终于明白为什么主播的封面和视频开头如此精彩，因为开头决定着能不能吸引观众，所以只有在一开始就用心，才能给学生"这节课看起来很有趣，很好看"的感觉，自然就能够吸引学生了。在这个基础上，我又利用低年段学生喜欢较明亮色彩的特点，每节课都设计不同的颜色版面。此外，我还模仿主播"露面"的做法，以自己的照片代替上镜，拉近与屏幕前学生的距离。在每节课中，都贯串着我的"身影"，或是引导学生开口的动作，或是配上表达疑惑、惊讶的表情，又或是辅助学生理解字词句、鼓励赞扬的手势……我发现加入自己的图片以后，整个课件看起来更加生动形象，更具有现场感。

给课程的"外在形象"做完了重新包装以后，我开始着手对自己的课程设计进行"改造升级"。由最开始的着重于教师教授、教师讲解，转变为鼓励学生听、说，教师只进行引导和点拨。为了达到这一目标，我设计和加入更多线上也能够开展的课堂小游戏。在制作游戏的过程中，为了让学生能够有更加真实的体验感，对于制作游戏的素材，我选择的都尽可能是还原游戏的一些图片、音频等。这样做，带给了学生仿佛真的在玩游戏的体验感，而不是为了学习而玩着不像真实游戏的练习。

3. 融入

寓教于乐中"乐"的整改部分也完成了，接下来就是"教"的部分了。我校每周都会设定一个主题。因此，以完成教材基本内容的教授为前提，结合学校的每周主题，我把教材要点尽可能抽离出来，重新设计，进行文本再构。以类似于"讲故事"的口吻推进课程环节，在找准教材学习要点的同时，紧扣学校的每周主题，发散拓展，尽可能多地代入学生真实的生活情境。看似自然不经意，实则是"刻意"进行了设计之后才达到的效果。正是因为没在学校教室里上课而是在家里，所以从课程出发联系学生的现实生活能够更加自然。因为上课时的他们，正处于真实的生活环境当中，这是一个非常好的机会，所以我一直努力融入生活的细节，为学生营造出自然、真实的学习氛围和学习情境。为了打破屏幕的隔阂，让课堂教学更加自然流畅，每每上课时，我都会想象自己的面前就是学生，我就是在和学生进行互动交流。为了让学生也有这种"真实"的场景感，我尽可能采用一问一答的交互式课堂用语。只有教师自己首先进入场景中、进入角色中，才有可能带动学生也一起进入场景，从而营造出自然的、学生愿意配合的课堂氛围。

4. 蜕变

最后，就是解决课程的落实和成效问题。在此之前，我一直努力鼓励学生把自己的一些课堂练习和作品发给我欣赏，最让我感动的是家长的配合和学生的投入。有一天晚上，在一对一点评完学生的作品之后，有位家长私下找我，讲述了关于她孩子学习的现状，以及在看到我的鼓励后，她本人配合教师对孩子学习的落实和监督。这对我来说是一种肯定，也是一种支持，更是对我的课程的一种评价和反馈。还有一次，有个学生通过微信给我语音留言，讲述了他在课后发现的疑问，希望我帮他解答。这个学生平时在学校比较内向，说话声音也很小。收到他的语音留言，我感到非常意外和惊喜，马上回复了他，解答了他的问题，同时还表达了对他的鼓励和肯定。过后，他母亲告诉我，孩子非常开心。这让我开始反思自己，在平时的日常教学中，在对待部分比较内向的学生时，还是没有做到充分的关注和鼓励，借着这次线上教学活动的开展，让我重新认识到了学生的另外一面。我感到非常庆幸，也非常欣慰，并启发我日后在关注学生的问题时更加全面、更加耐心和细心。而这些由学生的改变而带来的心理触动，以及由心理触动所带来的教学思考，再由教学思考带来的教学行为和方式的改进，就是师生间精神层面的教学相长。这样的感情和触动是人工智能无法拥有的，和学生一起在心灵层面上的成长也是人工智能无法做到的。因为我找到了人工智能能否替代人类教师这一问题的答案，也更加坚定了我对于职业选择的初心。

就这样，在和一众同事如火如荼开展线上教学期间，我凭借着vlog式的PPT形式、有趣好玩的课堂小游戏、自然亲切的课堂语言和口吻、以欣赏为主的课后答疑和鼓励，树立了自己别样的风格，线上教学期间收获了一批忠实的"小粉丝"。同时，我也慢慢地、努力地朝着"人气主播"的方向不断进步。

（吴欣琪）

线上教学那些事儿

必须承认的是，刚开始接到"线上教学"的通知时，我的内心充满担忧：担心没有了学生的互动，课堂教学就像老师孤独的表演，担心没有了老师的叮嘱，学生们会找不到努力的方向；我最担心的是线上教学缺少即时的互动，老师不能第一时间收到学生的反馈，调整教学的方式方法。

不过，我深深知道，我们从来不缺提出问题的人，我们应该努力去做解决问题的人。很显然，这满心的担忧并不能解决任何实质性的问题。既然要做线上教学，我们最应该做的就是想办法将线上教学的优势最大化，而将其劣势最小化，甚至消除。我告诉自己，不用过于担心，既然目标已经确定下来，接下来就是做好对应的计划，我要做的只是朝着目标，走一步，再走一步。

1. 线上共读，陪伴成长

一开始，我向自己提问，在当下这个信息爆炸的时代，获取信息的渠道如此丰富且便利，网络主播们也得通过展示自己的才艺来留住直播间的观众们，那么我又有什么"才艺"可以"留住"我的小观众们呢？我又凭什么要求学生在面对浩如烟海的网络资源时，继续选择观看我的教学视频呢？我又该怎么做才能让他们在观看视频时，不至于被清早的困意、窗外的风景、其他动画片分散了注意力呢？

我回忆起自己平日里与学生的相处，想起来他们说过最喜欢我的阅读课，最喜欢我模仿各种声音、给他们讲有趣的故事。我灵机一动，精心挑选出适合二年级学生阅读的绘本故事。在这种线上绘本阅读的课堂上，我主要通过给故事配音的方式，带着学生一起阅读、一起思考。我有时是软软糯糯又知错能改的小兔子，提醒学生要勇于承担责任；有时又是瓮声瓮气但勇于尝试的小猪，告诉学生做自己最快乐……

在阅读课结束后，家长们纷纷向我反馈，学生非常喜欢这样的阅读，有的学生听得入了迷，把视频重播了一遍又一遍；有的学生忍不住把视频分享给家人，甚至和家人炫耀起来。听到这些反馈，我心里既欣慰又感动。

2. 课前导学，先学后教

不满足，是促使自己向上的动力。我马上又给自己提出了新的问题：线下教学时，一节新课常常分为两个课时，每个课时都有40分钟。我们有充足的教学时间，可以设计丰富的课堂活动，带领学生深入理解课文，讨论作者遣词造句背后的良苦用心，甚至大量拓展课外知识。然而，线上教学却只有短短10分钟，我应该如何利用这10分钟？在这样短暂的时间里，我是否还能做到在完成常规教学任务的同时，给学生带来更多的思考和拓展呢？

我反复思考这个问题的解决方式，认真听取学校教学主任、语文科组老师的建议。在他们的鼓励和帮助下，我首先开始了"先学后教""课前导学"的尝试。在每节新课开始之前，我会在班级群里鼓励学生提前做好课前预习准备，如提前识记生字、朗读课文，形成对课文的初步印象。接着，我还会再设计一份具体的课前导学案，将它推送给学生，指导学生带着问题阅读课文，在文中找到问题的答案。有了这些基础，在10分钟线上课堂中，我便可以节约出更多的时间，带领学生深入挖掘课文的内涵，做更多的课外知识拓展。最后，线上课堂结束后，我还会给出课文生字的书写指导，针对学生的书写提出更细致的建议。

每隔一段时间，我就会录制一小段听写音频发送到班级群内，学生可以自行点开音频参加听写，并发送自己的听写结果让我检查。让我感到惊喜的是，在我一次又一次提出订正建议并鼓励学生独立检查后，越来越多的学生学会了在听写后自行翻阅书本，自己检查听写，自觉进行订正。

3. 自学积分，远程鼓励

在这个过程中，我又收到了部分家长的反馈，得知家长们有了新的烦恼：一小部分不够自觉的学生常常拒绝自学，认为"老师没有要我做所以我不做"；更令人担忧的是，过长的假期也让学生们养成了晚睡晚起、不爱运动的不良生活习惯。得知这些情况，我又开始思考：缺少了老师面对面的督促，没有了老师一对一的叮嘱，我们该拿这部分不够自觉的学生怎么办？

于是我又想起了线下教学时的班级奖励机制对学生养成良好的学习生活习惯的促进作用，开始尝试把线下的班级奖励机制改变成远程鼓励机制。马上，我就在班级内开展了"线下自学积分"活动：早睡早起、帮家人做家务的学生，积分；自觉完成课前预习、课后自学的学生，积分；积极阅读课外书的学生，积分……我告诉学生，这些自学积分将是他们参加开学后"积分奖品拍卖会"的依据。积分越多的学生，越有机会获得许老师的惊喜大奖。

有了"惊喜大奖"的诱惑，学生变身家里的"甜心宝贝"。家长们告诉我，现在学生反而督促起了家长，每天都催着家长把自己的居家学习生活情况分享给我。听着家长们的这些"喜报"，我觉得自己仿佛也加入了学生当中，希望他们更多地向我分享自己的居家生活，希望他们得到更高的积分。

4. 日积月累，素养沉淀

线上教学越来越成熟的同时，学生的线下自学能力也在逐渐提高。我渐渐又有了新的想法：希望在课本知识的基础上，给学生做更多的语文素养积累。这样长的一个假期，学生又因缘际会地得到了更多的网络信息资源，我应该怎样利用这个机会，又该怎么做才能让学生更有效地吸收这些资源并内化为自身素养呢？

就在这个时候，家长们随口提到的一句"孩子很想念老师，想和老师见面"让我茅塞顿开，突然有了好主意。一方面，我结合学校当周的"春天"主题，设计了一节"做一件春天的小事"主题课。我将《村居》《江畔独步寻花（其六）》《悯农（其一）》《钱塘湖春行》4首古诗，以"春天里做的事"为线索进行串联，并鼓励学生继续搜集与春天相关的古诗，或者用自己喜欢的方式记录自己的"春天小事"。另一方面，我在班级群中公布了"视频福利"活动。我告诉学生，只要录制并发送自己成功背诵5首古诗的视频，就能够获得和许老师视频聊天十分钟的"小福利"。

这个活动刚公布，班级群就掀起了一股小热潮。不到两个小时，我就已经收到了四五个学生的背诵视频。那一周的周末，我从一大早就开始和学生视频聊天。这个"视频福利"活动的顺利完成，既鼓励了学生进行古诗积累，又得以联系师生感情，缓解"相思之苦"。对此，我充满了成就感。

5. 深入思考，感恩表达

十年树木，百年树人。教师之所以是太阳底下最光辉的职业，不只是因为教师教授了学生知识，更是因为向学生传递了为人处世的方法。

我常常会忍不住追问自己：我期待培养出什么样的学生？是聪明的还是多才多艺的？我想这都不全面。我所期待的教育，是让学生成为一个更完整的自己、一个更优秀的自己。我一直非常喜欢泰戈尔的一句话："教育的终极目标是培养学生面对一丛野菊花时怦然心动的情怀。"对此，我深以为然。

我深觉前路漫漫，我还有很长的路要走。但我从不畏惧，毕竟目标已经确定，而我要做的只是朝着目标，按照计划，走一步，再走一步。

（许东琳）

学生到底需要怎样的线上教育

2017年年初，当各种网络直播开始进入学生的生活时，一群公办学校的教育者发现本该影响学生的教育直播却没有出现，于是一个专为学生打造的线上直播教学平台出现了，它就是"丑小鸭魔法公益共享学校"——中国第一所公益线上共享学校。

这所共享学校发展了66个固定和移动的共享中心，在深圳和北京有3个核心线下基地，成为课程孵化基地，会集了100多名全国公立学校的全国特级教师和广东省名师。

我所在的新学校就是"丑小鸭魔法公益共享学校"的线下基地，2018年建设之时就是以"线上+线下"教育为显著特征的学校，招聘来的每位教师都要有勇气担任全球直播教师，所以对于如今的线上教育，我们学校是有充分准备的，曾在"丑小鸭魔法公益共享学校"奉献过爱心的全国100多位教师也是能淡定应对的。

1. 做网课之前的想比行动更重要

（1）教师要把线上教育的指导思想把握好，切不能出现师生增负的反面效果

"度"非常重要，千万不能对"停课不停学"的指导思想把握不准，不能因为一窝蜂上网课，出现教师疲于应付、学生疲于学习的现象。我们走过了3年，知道互联网最大的作用就是资源共享，其另一种价值就是师资最大化分享，是应该能节省师资、发挥优质师资作用的，如果不能体现这一点就会起到反作用。现在线上教育也要减负，师生都要减负。减掉不必要的负担，做更有意义的事情。

（2）家长和教师要成为学生的"保护神"，重点注意用网安全的问题

这包括师生使用平台对网络的管控、教育专家对直播和录播内

容的管控、技术人员对信号的加密传输等。学校要帮助学生进行甄别和推荐，家长更是重要的贴身保护者，保护孩子在网上学习时避免受不良信息的干扰和伤害。

（3）"育人"是教育的核心，家庭与学校一定不能忽视这个核心问题

建议让那些教学能力强、师德过硬、对教育培养目标把握准确的教师先进行线上教学，因为"我们要为党育人，为国育才，为世界育未来"，对学生三观的教育要渗透在教学中，这是十分重要的。

（4）家庭教育的线上协助教育成为新的家庭教育挑战

因为每个学生的生活环境不同，他们在进行学习前，学校要对中低年段学生是否有人陪伴、学习设备是否准备好进行充分了解，平台尽可能做到可以重复回看，避免因错过收看而影响学习进度。此外，当班级和庞大的网络世界摆在每个家庭面前的时候，家庭教育也很重要，除给予必要的督促和帮助外，一定要谨防网瘾问题出现。

2. 网课与平时授课对比分析及建议

（1）教育者和被教育者的空间发生改变

平时授课：我们强调教学的互动，因为教学要真实发生，是需要存在对话的。

网课：有一对一、一对多，甚至一对万的形式。授课者要明白学习者学习的方式正在改变，过去是线下面对面，现在是线上，特别是人多时，即使可以通过及时评论获得反馈，授课者依然无法全面感知每个学习者的情况，特别是初次尝试线上教学的授课者往往容易忽略屏幕外的学生。

线上授课建议：对于授课者来说，线上授课充满巨大挑战，对方没有文字反馈，要凭经验展开想象，在教学设计的过程中要把这

些情况充分考虑进去。

家庭教育建议：多观察孩子，及时给教师反馈，有利于教师调整下一次线上教育和教学。

（2）授课时间要结合学习者和授课内容做改变

平时：我们的授课时间一般为40分钟。

网课：首先从学习者的健康考虑，不管用手机、平板，还是电脑PC端，都不宜太长时间观看学习，以免对学习者的身体发育、眼部健康带来负面影响。另外要从学习者的心理来考虑，教师要评估这个课上多久会让学习者产生疲惫和厌倦。

线上授课建议：目前大多数授课教师采用3～15分钟的微课教学模式。也有一些特殊课程时间较长，主要是录制时的条件所限，一般建议学习者中场暂停休息后再观看学习。

具体而言，假设幼儿园要开课，建议每节课3～5分钟，一定要以游戏为主；小学建议每节课集中讲授时间5～15分钟；即使初中、高中也建议集中讲授时间不要超过20分钟，过长的网络授课是不符合目前的教育理念的。集中授课时，教师用最简洁的话讲明白，逻辑清晰就可以了。重要的是教师还要预判学生通过网络学习可能出现的困惑，以及如何启发学生间互相学习。教师即使在线上也依然要成为"唤醒者、主持者、引导者、参与者"。

家庭教育建议：家长在家进行儿童健康监督和必要的观看方式指导。

（3）因学的方式变化而导致教的方式发生根本变化

平时：虽然注重了学生学的方式，但教与学方式的研究大部分集中在40分钟课堂上。

线上授课建议：必须根据学生的年龄认知特点，设计吸引学生学习的表达方式，以学生为主体，在过去的翻转课堂上有所创新，将线上授课和在家自学进行结合，提前考虑长期网络教学给教育带来的后遗症，想尽办法让学生感受到透过屏幕的教学是温暖的，想尽办法与学生的心走得再近些。

家庭教育建议：孩子学习时不要过多打扰，也不要过多干预教师教学；应多鼓励孩子，可让孩子复述或讲述所学，增强亲子关系。

（4）网课会比平时教学暴露更多问题

平时：教学是原生态的，学生接受教师教导，也会经常给教师挑错。好教师总是在各种建议中成长的，教学相长。那些优质课是反复打磨过的，如同拍电影一样，无论是脚本还是角色都是需要花些精力和时间的。

网课：教育者呈现的状态需要更加严谨、更加精美。但我觉得特殊时期，是应该允许不完美暂时存在的。特别是直播，如果教学有缺陷，在第二天的网课教学中进行改善，初期应该被允许。

线上授课建议：鼓励信息化技能、教学能力、育人能力都强的教师先行，进行自愿分享，他们可以多承担一些课程。目前很多地区教育部门已经启动教师线上教育的培训，但是从培训到实践、到整改，再到适应，需要一定时间。在这么短的时间里，还可以多鼓励教师创新，目前很多优秀的90后硕士和博士走进基础教育领域，应鼓励他们勇于尝试，成长就是在一条前行的路上不断试错的过程。

家庭教育建议：家长要抱着鼓励、包容、信任的态度支持教育者，特别是孩子的本班任课教师，帮助他们更好地适应新教学模式。希望全社会给教育者时间、包容、鼓励、信赖，让教育者安静备课、安心教育，真实的教育才是最可贵的教育。对于自选资源，建议家庭首选教育部门推荐的名师课程，其次选择名校共享资源。

3. 共享学校在线上教育的新突破

"丑小鸭魔法公益共享学校"在2017年、2018年、2019年台风到深圳时，对"让孩子安全在家学习"发挥了暖人的作用；在2018年江苏省教育厅主办的30周年"教海探航"活动中，利用平台将江苏教育界的"奥斯卡"活动资源推送给全国各地的教师，把教育名省资源分享给全国；2018年，"北有海淀，南有福田""福田教育革命表达"等全国大型教育活动中，共享学校协助福田教育服务了全国教育界几十万人次。作为江苏、广东两地培养的教育者，我深知我们的公益平台不能仅满足现有的经验状态，我们还需先人一步探索，再做新突破。

4. 网课评价、管理与发展亟待教育及政府部门出台相关机制

什么样的线上课程是好课？什么样的人具备为学生线上授课的资格？以下建议仅供参考。

（1）评选"首席线上教师"

借此契机，各地教育部门可以制定相关标准，开评"首席线上教师"，用他们不断更新的教育观和教育资源，进行真实、优质的教育分享，培养祖国未来的接班人。

（2）线上教育促进教育均衡化

近期涌现的优秀线上教师，应鼓励他们多参与国家的教育精准扶贫等教育均衡化发展工作，为中国教育尽快均衡化发展做出贡献。学生的差距主要来自家庭和教师，家庭无法改变，但教师无法选择的局面要在这次的线上教育中彻底被打破。

（3）节约出的师资探索个性化教育

借此契机，各校大力探索"线上+线下"教育变革，对教师进行分层分类使用和管理，将优质师资最大化分享，节约师资力量参与线下个性化辅导教育。

（4）向海外输送中国文化

共享学校因受益学生及家长的推广，课程已传播至我国港澳台地区，以及美国、德国、加拿大、澳大利亚、泰国等国家。此外，全国优秀的线上教师还可以向海外华人输送中国课程，向世界传播

中国文化。

近期中国教师全体进行线上教育，这一"迫"，将"爆破"出中国教师整体的线上教育能力，成为世界之最。同时，教师将经受全民乃至全球的考验。而百花齐放的教育态势让中国学生经历了最前沿、最丰满的教育方式，中国的家庭也经历着前所未有的亲子关系发展、线上学习家庭教育指导的巨大挑战。学生需要怎样的线上教育，这条路需要我们携手一起探索……

（项阳）

线上教育要从"百花齐放"走向"精准共享"

线上教学出现了一定的困难，如不少教师的技术应用能力、教学能力等还达不到可以直接进行线上教学的水准，很多学生的家庭也还不具备进行线上学习的条件。因此，线上进行的不仅仅是教学，还有更大的"教育"概念。要想开展高质量的线上教育，就要从"百花齐放"走向"精准共享"。

1. 当前问题——百花齐放

问题一：不是所有的平台都适合教育。

当前网络上出现的平台种类很多，大致可以分为三类。

第一类是教育专业类平台。它们大约建立于2018年，大部分是需要付费的，如观看的费用、建立账号的费用。即使目前短期免费，但不利于长期使用，而且我们的资源回收也会遇到困难，这里面有太多关于利益与知识产权的问题。

第二类是临时建立的直播平台。目前这种平台建立时间短，没有经过教育专业人士参与，未经过长期检验，掉线、卡顿、串音的问题频发，而且技术仅仅满足从线下搬到线上教学，使用功能缺乏对线上教学的深入研究。

第三类是综合的直播平台。这类平台大约在2015年、2016年开始建立和发展。目前这些平台经过各种包装策划，有的已经火爆，也有一些教师选择了这样的平台。这个平台最不利的因素是对学生心灵的侵蚀，因为这里面鱼龙混杂，学生不免会随机进入其他直播间，很多内容会对学生的成长产生负面的影响，这也是我们为什么要建立干干净净的平台的原因。那么，到底什么样的平台最适合当前的线上教学呢？要具有以下几个特点：

（1）可以直播，可以回看，可以进行有效互动。

（2）平台除了教育，没有广告的插入，没有不良信息的跳入。

（3）最好是有学校已经使用过、能常态化运作的。

（4）直播操作技术简单。

（5）观看流畅，不需要捆绑观看。

（6）能支持手机、平板、电脑、电视投屏等多种观看方式。

（7）教育是一项真正持久的公益事业，文化传承是人类共同的使命，所以不应使用短期乃至长期营利为目的的平台。

问题二：不是所有的教师都适合做教学主播。

很多人一定以为形象佳、口头表达能力好的人就可以做主播。这固然是一个要素，但绝不是最主要的要素。根据笔者多年线上教学的经验判断，即使线下教学能力强的教师也未必适合新的线上教学模式。教师教育观念的发展水平才是决定适不适合做主播的关键。另外，创意的教学、灵动的表达、不可思议的线上呈现方式才是新一代线上教育名师的特点。

记得笔者在2017年和一些名师开启直播教学时，曾共同定下公约：

（1）忠诚于党的教育事业，愿意投身于教育公益事业。

（2）准确判断教育未来的发展趋势，具有先进的教育教学理念和丰富的实践探索经历。

（3）课堂富有魔力，对学生有大爱。

（4）善于谦虚地学习，并能勇敢地以开放的姿态分享真实的原生态课堂。

（5）承诺在直播间坚持做公益，不向学生收取任何费用。

今天看来，这些公约依然可以给线上教学教师以启示。一些业务能力强、语言表达逻辑性强，且普通话或外语发音标准的教师就适合挑起直播教学的大梁。有些暂时缺乏自信、尚在途中摸索的教师可缓一步锻炼上场。另有一些教师就极其不适合做主播。

问题三：不是所有的线上互动都是有效的。

面对屏幕孤单教学，教师难免会有清冷的感觉，于是学生来点弹幕、送点"红心"、点几个大拇指、说两句鼓励的话，都会让教师又动情起来。但这只是初期的"情感需求"，随着线上教育的持续，一些有思想的教师会发现，很多时候线上的互动是无效的。特别是线上教学，那些热情的直播互动看似很多，但网络语言的空洞乏味并不能使学生提高学习热情。因此，教师不能为了互动而互动。

到底什么样的互动才是有意义的？

关键节点设计问题需要集中反馈的，可以用标准化题目进行及时反馈，有利于教师调整教学进度与方式。（目前可以用多平台直播和"轻课堂"相结合）

观看互动区留言，鼓励那些表达清晰、问问题较有针对性的学生。其实，让学生进行线上互动也是一种线上学习能力的培养。

另外，如果需要标准化答题反馈，需要教师有灵活使用多平台的能力。对不能常态化应用线上教学软件的教师，不适合以此哗众取宠，导致自己应接不暇。

问题四：不是所有的资源都要推送给学生。

目前，各级学校推荐的资源主要是以前储备的资源，有些是近期录制的，也有很多资源已经过时，不符合当前的教育发展理念。

建议多选择近3年持续做专题研究的课程资源，这类资源录制需花费时间和精力，资源制作者是线上教学的先行者，这类资源值得跟踪学习。

建议教师最好推荐现在的优质资源，特别是能形成系列的，或者是学科、年段、内容的主题性突出的。

2.解决策略——精准共享

那么，如何开展高质量的线上教育？什么样的线上教育才值得推广？一所学校、一个区域或者更高基层管理部门该如何搭建组织架构？共享的资源选得准、利用得好，就能准确服务和引领当地或者学校整个年级的教育，中国教育的均衡化将得到一次突破，中国教育信息化变革将引领世界潮流。

（1）线上教育不仅进行"教学"，更要进行"教育"

一定要明白线上教育进行的不仅仅是"教学"，还有更大的"教育"概念。正确的开启方式是首先应当想："我要培养什么样的人？这个阶段什么品质最重要、什么习惯最重要、什么能力最重要？我如何将教材上的内容很好地设计进去，让他们的情感、态度、价值观得到发展。"这是首要的，如果缺少了这些，我们所做的就如无根之树，我们种在学生心田的就不是一粒种子，而是过眼云烟、无根浮萍。

例如，一所学校在进行多语种"我想对世界说……"主题教学时，先让学生了解有多少个国家说法语、英语、西班牙语，然后了解日本、德国、美国、加拿大、俄罗斯、法国、西班牙等国的文化、地理位置、小学教育情况等，接着让学生用图画和文字给世界小朋友写信，最后用七种不同的语言向世界小朋友表达关心和问候。而中文作为核心语言的学习带动了其他语言的学习和表达。

如果仅仅让学生学习不同语言的单词，这种学习是不能融入学生的精神和品格的。在这一周的教学中，学生的自信心、责任感、同理心都在提高。将大国情怀、世界命运共同体的担当精神悄悄种在他们幼嫩的心田里，才是对人生命成长的呵护与尊重，是教育超越教学的行为。

对此，教研部门经过线上巡课，对那些牢牢把握教育本质和教育前沿发展态势的学校和教师，要大胆采用他们的方式，精准共享。

（2）通过"一师共用""一校共用"，实现资源共享

有人说名校的资源一定是好的，因为名校有强大的师资团队。将这样的资源分享出来，短期内可看出问题，如对学生的情况了解不足；但只要坚持一周以上，通过看教学互动反馈，及时调整方案，就能看到他们带领整个区域的共同进步。

进行线上教学一段时间以来，已经有不少学校摸索出名师共享的方式。例如，一所学校中有两位教师要一起完成"妈妈的好帮手"这个跨学科主题学习，一位教师先开始为全年级讲解垃圾分类、橘子皮制作洗洁精的过程，这位教师最大的特点是能深入浅出地将科学和生活进行趣味结合；第二位教师开课就接到前一位教师隔空抛来的装着自制洗洁精的废旧矿泉水瓶，在她的巧手装扮下，一个漂亮的装饰瓶诞生了，原来这是一节以美术为主的教学；在最后的课程中，学生要学会用中文来描述手工作品的创意和制作过程。跨学科教学是一种理念，但依然无法掩盖教师因自身优缺点在学科教学中表现出来的短板与长板，因此只要学校在进行课程设计时充分发挥教师的优势和特长，那么学生接收到的教育教学引导信息就是相对优质的水准。

此外，造成学生成长差距最核心的原因并非教师，而是家长，因为他们才是一直陪伴学生的人。因此，启用名校教学资源共用是目前逐步缩小教育水平差距非常好的一个契机。

（3）不能让线上教学孤独存在，要注意联动

这里所说的联动包含两个方面。一方面，当天线上教学的内容和第二天线上教学的内容要有联动，学科之间线上授课要有联动，一天之间的课程也要有联动，要以虚拟现实的状态研究线上课程的独有特点。

另一方面，线上和线下的关联设计不能忽略。特别是当名师名校集中承担线上教学时，其他教师做什么？特别是自己的班级，任课教师发挥的就是助教的作用，利用过去熟悉的交流平台，做好线上个别指导，有针对性地回答学生学习中遇到的各类疑难问题及对线下学习反馈进行分析等。当问题集中时，线上教学教师可以通过互动留言来发现并整合问题，下次教学时予以调整。

以一年级语文写字教学为例，当名师为学生集体进行示范书写的时候，可以邀请家长把学生现场的书写情况及时发布到互动讨论群，这时班级的助教老师及时通过捕捉学生的书写情景进行现场判断，给出具体的指导。另外，小学低年段学生线上学习的主要目标应该是自主学习、学会独立。因此，建议教师多采用录播课程，少采用直播互动，低年段一对一的互动大部分是无效且浪费时间的。

为了推进互动效果可选几个学生做小助教。一、二年级学生自主学习能力弱，此刻培养他们的自主学习习惯是一种尝试。学校公布课表，各班级安排学生担任小助教，到时间带领大家线上学习。类似于过去班长喊"起立"，线上学习由小助教喊"上网课啦"。

任何一次教育改革都是从"百花齐放"慢慢走向更加规范与合理的新进程，线上教育没有阶段性的胜利，目前都是进行时。即使学生复学后，"线上+线下"教学的研究也依然是一个值得继续探讨的话题。笔者希望，线上教育从"百花齐放"走向"精准共享"，

减少低效重复人力成本的投入，精品课程也能更生活化、游戏化、留白化，吸引学生持续不断地学习。线上教育不仅要应对眼前，更要着眼未来。当学生和教师重返校园时，这些线上资源不会像过去一样沉睡，会不断被师生再利用。愿线上教育打造出中国教育变革的新生态。

（项阳）

二、爱心"魔法师"成长心得

——一群有爱的"魔法师"

写好中国字 做好中国人

线下基地100%人员参与线上授课，这里也包含了学校的书记和校长，而他们也不是首次线上授课，而是在续写线上教育的新篇章。本文讲述了校领导联手合作开展线上教学的方式，对现阶段探索取得的成果的积极意义进行分析。

2018年，深港合作区创办了一所学校——深圳市福田区福苑小学，这所探索非凡理念指引下的国际化学校还有着"线上+线下"相结合这一教学特色，自诞生之日起就体现了其独特之处。学校每间教室都是全球直播间；每位任课教师都要能双语教学并勇于向世界分享课程；学生使用终端小卡片可以与教师时时互动，家长也可以远程了解孩子的思维成长情况；学校对教师的课堂管理能精细到可以通过网络巡课方式时时了解每位教师的授课PPT和师生互动情景。

在这所现代信息化设备比较先进的学校，有一门特殊的课程由特殊人执教，那就是校长和书记分别为一、二年级全体学生每周各上一节线上书法课，并一直坚持下来，这在全国是少有的探索。

当全国学生都需要在家进行网课学习时，福苑的学生已经掌握了网上学习的方法，而由校长和书记亲自带领团队并以身示范的做法，让这所学校的线上教学有序、生动地进行着。

1. 两位校领导的教学是如何开展的

（1）教师要经历从40分钟的教学改为15分钟内的教学的变化

学校教育的核心在课堂，而课堂教学的核心就是教师课堂教学的实际能力。为了尽早培养我校教师的课堂教学实际能力和科研能力，项阳校长和黄现丰书记分别为学校一、二年级学生上书法课，有效利用学校管理者的身份和工作经验直接在一线课堂示范，很好地提升了学校全体教师的课堂教学水平。同时，我们每学期要求全校教师总结自己的教学经验，做成课件，向全体教师介绍自己的心得体会，这种举措有效地提高了青年教师的课堂教学水平和教育科研能力。

作为教育工作者，两位执教者不断分析线上教学的特点，分析学生学习的困难点，全面提升自身线上教学水平。线上教学和传统教学最大的不同除了表述方式、教学环节，还有教学时间的改变。考虑到学生的年龄特点，线上教学时间为一节课不超过15分钟。

（2）学生的学习从线上15分钟，到线下40分钟学习的改变

一位教师线上授课，全年级学生线上收看直播，每个班级配一位书法助教教师，这种探索对我们来说也是第一次。我们线上授课能管理好全部学生吗？没有旁边助教教师的协助，面对新奇的授课方式，学生会乖乖听课吗？这些都是最开始摆在我们面前的问题。

除了正常的写字授课内容，每节课还增加了一段学生线上学习指导训练。第一周授课过程中，由两位线上教师重点教学生观看视频，包括指导他们的观看坐姿；第二周重点引导学生与线上授课教师在线互动，不断通过表扬肯定、批评提醒等方式，反复训练学生形成常态的线上线下互动；第三周重点指导学生在听课的过程中学

会思考，适度根据直播内容进行跟学；第四周重点关注线下助教教师的辅助效果。

经过第一个月的摸索，学生和助教教师都慢慢找到了规律，学生既可以在15分钟内与线上教师互动，又可以在接下来的25分钟内得到线下教师的个别辅导。师生互动是教育不可缺少的重要教学环节，线上互动要有，但一定不能进行低效互动。在这个摸索的过程中，一定是从低效走向高效的一个过程。

2. 为什么书记、校长亲自挑大梁

（1）这是学科引领者的使命

项阳校长是语文特级教师，是20世纪80年代的师范生，那时培养师范生对"三笔字"的要求非常高，所以她也练就了基本的书写本领。而黄现丰书记更是中小学书法教学领域的研究者和创作者：他的篆刻、软笔、硬笔书法作品在全国各类比赛中多次获一等奖，是中国硬笔书法协会会员，也是深圳市福田区书法家协会会员。可以说，他们两位是语文教育行业的专家，他们的语文教学基本功扎实，能很好地起到引领示范作用。

（2）这是传播中国文化的需要

有学者认为：中华文化有赖于中国汉字的传播，可以说中国书法是中华文化传播的核心。中国科学院前院长郭沫若认为，我们提倡人人都要学书法，不是要求人人都成为书法家，而是要求人人都提高中国汉字的书写能力。

福苑小学校长、书记带头做好书法教学，在全校开展书法学习，深得全校学生喜爱，引领全校各学科教学工作不断前进。

（3）这些学校教育领导者，是为青年教师示范"活到老学到老"的楷模

当代著名教育家顾明远认为，我们这个时代正是需要呼唤教育家的年代。当今中小学需要教育家型教师，这也是福苑小学校长、

书记所追求和践行的教育实践。福苑小学是一所全新的学校，绝大多数教师是刚毕业的大学生，校长和书记是学校的年长者，他们以一个老教师的身份亲历课堂一线，无疑是给全体教师最好的示范和最直接的指导，非常有利于我校青年教师的成长，从而促使青年教师早日成才。

（4）这是时代的要求，是实现我校党政合一的治校方略

项阳校长是民主人士，黄现丰书记是中共福田区福苑小学党支部书记。校长和书记共同承担课堂教学任务，走进学生群体，起到了良好的示范效果和教育效果。

3.这次的"续讲汉字教学"线上教学和以往有什么不同

（1）淡化原有互动模式，更新互动方式

我们学校的线上学习可以说经历了一次新的提升。过去我们互动的方式是在班级内直播间与授课教师所在的直播间进行互动，各方面硬件条件都比较完善。这一次学生分散在各自的家庭中，信息化设备条件不一，学生因环境宽松缺少自律和专注力，而且这次线上教学时间比较长，我们不能再使用原有的互动方式。

那么，哪些方式既不浪费教学时间，又能帮助每位学生不错过学习内容呢？我们采用了两种互动方式。第一种就是教学的重点部分可以反复回看，然后进入企业微信群，进行个别互动指导；第二种是教学重点的视频，同样可以回看，学生可以借助软件"轻课堂"，进行同时或者异时的标准化互动反馈。

（2）融入爱国主义教育

列宁说，什么是爱国主义？热爱自己的家乡就是爱国主义！作为一名教育工作者，我认为，热爱中国文字、热爱中国书法就是爱国主义，让爱国主义思想深入学生的心中。中国汉字是中国人的精神脊梁，每次授课都提醒学生"写好中国字，做好中国人"，将这种爱国主义教育不断渗透到日常的教学中。

（3）增添中国汉字文化内涵教育

我们在书法教学中，就汉字本身而言，强化了中国汉字来源的讲授，对汉字的构造、读音和意义进行教学，让中国汉字的元素深入学生的心灵，让学生理解汉字，体会汉字书写的规则和运用汉字的乐趣，从心灵深处热爱中国汉字的文化内涵。特别是通过对汉字演变过程的讲解、讲述汉字小故事、赞美汉字等有关活动，无处不融入对汉字历史、汉字美感的教育。

4. 现阶段探索取得的成果有什么意义

（1）探索优质师资最大化的分享出现了积极效应

线上教学最大的价值就是能让优秀的师资力量最大化，促进教育的公平，让每个学生都接触到优秀教师的课堂，得到优秀教师的帮助。书记和校长的写字示范教学是其他教师不能替代的，他们的价值就得到了最大化的实现。学校每学期开展百人书法展，家长好评不断，学生的自信心倍增，学生学习的重要成果展示揭示了实践的积极意义所在。

信息化的执教能力是未来型教师应具备的素养，拥有敢于分享的勇气也是未来型教师应有的情怀与格局。校长、书记的以身示范为教师开始线上教学增添了底气，学校由此设计的以不同学科为核心的跨学科线上教学课程陆续发布。教师们的线上教学越上越好，他们不断发现自身的优势，也为能帮助到更多学生（非本班）而感到幸福。这样的共享课堂很好缓解了教学差异化问题，年轻教师充满自信地迅速成长也是此次校领导联手带头后的可喜成果。

（2）为学校全面实施个性化精准教学打下前期基础

我们的教育对象是学生，可很多时候我们的教育是由教育者根据自己的理解而设计的，没有为了学生的需要而反复斟酌。学生最需要的教育是什么？是能对他们给予理解的教育。可如今我们面临的环境是大班额教学，不可能了解每个学生的实际需求。现如今利用优质师资，我们就可以节约教学人力资源，腾出人力成本进行个性化精准帮助。比如，每位助教教师将更多的精力放在学生线上学习后的线下个别指导上，不仅教师自身有提高，学生也有机会得到精准帮助。

福苑小学恰恰是利用了信息化这一优势，重组了师资队伍，重新设计了授课模式，以"大班教学+小班教学+大小走班教学"等交叉的方式进行授课，为学校全面深入实施个性化精准教学打下了前期基础。

线下复学即将到来，也许很多学校的线上教学会结束，而福苑小学不仅探索出"线上+线下"结合教学的最佳路径，还不断提升教师的线上教学能力与线下指导能力，未来信息化探索更会有所升级。校长、书记联手共管的教学团队，不仅仅是在写好中国字，更是在传播中国义化，未来他们还将继续在新的教改之路上探索。

（项阳、黄现丰）

偶然的遇，永远的守

3年前，我遇到项阳校长。她说："我想办一个直播教室，就是在直播间里上课，为偏远山区的学生们提供直播课程，让那里的学生们也能享受优质教育，你想加入不？"我了解到这是利用直播课堂的一项公益活动，所以立刻就答应了，于是我就成为"丑小鸭魔法室"（后来改名为"丑小鸭魔法公益共享学校"）的主播（小草老师），我直播了几次课之后，虽然有些累，但感觉心里特别充实。所以，我就向我的工作室成员介绍了这项公益活动，工作室几位教师也非常积极地参加了直播。我和我的工作室成员开发了初中数学"积极数学"直播课程，起步阶段正值春天，我们想到再过几个月就要中考了，所以选择了针对初三复习进行了专题直播，当时线下也有来自不同学校的学生，由第一节课的2人到中考前的36人。

光阴荏苒，直播已经有3年了，回想这段时光，我感到非常快乐、非常有意义！

第一，较早成为线上教师，为今天的课堂教学做了准备。

线上线下相结合才能创造完美的课堂，才能出色完成教师的教学任务和学生的学习任务。3年前，创始路上虽然有曲折、有泥泞，但是我们克服重重困难，勇敢走出来，走到线上，让我工作室的教师较早成为线上教师，积累了线上教学经验，为今天的网课教学、空中课堂做了很好的铺垫和准备。

第二，缩短了教师走进技术应用领域的历程，为熟练使用技术积累经验。

多少年来，我们盼望技术应用能够早点进入平时的教学，但事实上由于多方面的原因，老师们总觉得力不从心。自从当了主播之后，直播课程的开展大大缩短了教师走进技术应用领域的历程，为熟练使用技术积累了经验。

第三，直播教案的准备过程，加速教师专业能力的提升。

平时上一节公开课都有压力，因为会有许多同行听课，那么直播课程压力会更大，因为会有更多的教师在观看，不仅仅有一个班的学生在听课，还会有更多班级的学生在听课。如何扛住这个压力，没有其他办法，唯有让自己的课堂更出彩，所以需要直播教师深入学习、整合、提炼，制作出一份更高质量的教案，然后才能够有勇气走到镜头前做直播课程。这个准备直播教案的过程，从教师专业能力提升方面看，就是一个加速的过程。

第四，种植感恩，散播爱心，培养教师的优秀师德。

一位教师的师德有多好，实际上就是看他有多爱学生。每位教师都心存大爱，如果把教师的爱心发挥出来，贡献给学生、贡献给社会，那是国家所需要的。公益活动恰恰能够点燃教师的这份爱心，所以工作室成员放弃双休日的休息，克服各种困难，一次次走进直播间，目的就是坚持心中的那份信仰——为大山里的孩子们做点事！为社会做点事！

第五，继续招募青年教师研究网课，服务于有需求的人。

"退休不退职"是我心中的理念。虽然我已经退休了，但退休后我还是继续招募青年教师，组建了一个"数学微课研究群"，继续带领原来工作室的成员和新的成员共同研究微课、研究网课、研究直播课、研究各种技术手段，建立网课课程体系、网课资源库，服务于青年教师，服务于深圳和偏远山区的更多学生。

（孙国芹）

不忘初心，坚守也是成长

我是康黎名师工作室成员熊文静老师。康校长是这个公益项目的创始人之一，是福田区知名教师。康黎小学名师工作室在2017年年初成立，致力于游戏化教学和开发游戏课程。在工作室启动仪式上，康校长介绍了她的公益之路和公益感想。带着对公益的向往，在康校长的引领下，我们在丑小鸭公益直播平台录制《数学豆豆园》。

目前，我们工作室在丑小鸭公益直播平台直播了3个学期的《数学豆豆园》，工作室所有成员积极参加。所有《数学豆豆园》课程都包含游戏化教学或者游戏元素，这学期我们直播了9节《数学豆豆园》，以后我们将展示更多的课程给大家。

通过录制《数学豆豆园》，我的能力得到了锻炼，专业水平得到了提升，实现了从害怕上课到敢于上课的进步。《数学豆豆园》的课程有四大显著特点：①时间短，效率高；②题材有趣，能引发思考；③游戏元素；④互动性强。找到了方向，我就开始着手找课题。翻遍了五年级上学期的教材和小学数学类杂志,我发现符合要求的课型太少。正在焦虑之时,我看到数学教参上有一篇《数学万花筒》的介绍:大数学家毕达哥拉斯在海边玩耍时发现了"形数",形数就是形状和石头数量之间的关系。惊喜就这么来了,这就是我要找的课题。经过一段时间的研究和尝试,第一节公益课《形数》开始录制。上课时学生投入的眼神和积极发言的状态让我很满足、很有成就感,这就是公益的力量吧!

有了第一次公益课的经验,我开始时刻关注数学。寒假期间,一档传播脑科学知识和脑力竞技的节目——《最强大脑》吸引了我,我被杨易的计算速度、小英豪的空间推理能力、栾雨的14巧板拼图能力所折服。节目中变形数独、立体迷宫、拓扑折纸、找规律、逻辑绘图等都特别有趣。如果我们的学生能接触到这部分知识该多么幸福呀!第二次《数学豆豆园》公益课的课题"逻辑绘图"在我的大脑中呈现。电视上逻辑绘图的题目对学生来说会不会太难了?能不能再设计得简单点呢?于是我开始上网搜索,终于找到了适合学生动手做的逻辑绘图题目。录课那天,学生展现出活跃的思维和努力探索的精神,仿佛他们就是《最强大脑》舞台上的主角。公益让我和学生共同收获了学习的快乐。

大爱无疆,希望我们不忘初心,继续前行,让善举感染身边的人,让善行带给每位学生知识和幸福。

(熊文静)

三、研究总结

走向未来的教育研究与探索
——以"丑小鸭魔法公益共享学校"为例

学校，作为知识传播的主要场所，在信息时代下似乎有点跟不上趟。相较于我国经济和生活上的急速变化，教育一直都有它的发展步调，这不仅让许多人心生疑惑：我们的教育跟得上时代的变迁吗？本研究以"丑小鸭魔法公益共享学校"为例，探究了"教育+互联网"的新时代下教育应如何发展的问题。本研究以行动研究法为研究方法，历时3年，共针对3个项目进行了实践研究：①共享中心项目建设研究；②共享名师队伍建设研究；③共享课程设计和实施研究。研究结论：①共享学校利用教育信息化促进我国教育均衡发展、国际化发展；②让名特优教师更好地实现国家期待感、社会使命感、自我成长感；③为优质学校发挥辐射作用创造平台；④更好地服务于家长的需要；⑤弘扬社会正能量，让更多人传递大爱。

研究起始历程：2017年年初以公益方式发起研究，同时成为深圳市重点课题。

1. 研究背景

纵观现在的教育现状，目前在体制难以突破的情况下，教师的职业倦怠感日益严重，名师资源不能最大化分享，乡村支教总是得不到持久的落实，全国、各省的教育均衡化问题总是得不到改善，中小学幼儿园的教育衔接出现种种断层，教育信息化总是很难渗透到日常教学中或者起到教育改革的作用。深圳作为特区，改革创新在全国首屈一指，其中现代技术的发展也逐渐在全球具有影响力。如何在深圳发起一场因技术而进行的根本性学校运作模式的改变，解决上述的诸多问题呢？本课题决定带领有爱心、对教育未来发展有担当、愿意尝试创新教学模式的名特优教师探索一种"共享学校"的建立模式。

2. 主要概念

（1）未来教育

本研究领域所指的未来教育是由具有超前教育理念与行动力的教育者团队创造的教育方式。未来教育是着眼于当下，为人的未来发展和世界未来发展而践行的教育。未来教育是基于时代特征，彰显教育独特魅力，使教育与当今时代的科技发展、人类生活进步等紧密联系的教育。

（2）共享学校

本课题提出的共享学校是指基于共享理念提出的创新未来型学校存在模式。共享学校应由无数可移动式的共享学习中心和全国乃至全球的共享名师组成。共享中心应存在于线上与线下相结合的方式，移动与固定的灵活设置，能为学生的学习提供方便的可见与非可见中心。共享名师由具有"共享"意愿的名特优教师担任，在初期应为教育部门认可的好教师，后期会扩展为深受学生喜爱与广受社会赞誉的好教师。共享学校应围绕数字化教学空间，进行环境设计、课程建设、课堂模式研究。

（3）个案研究

本课题提出的个案是"丑小鸭魔法公益共享学校"，诞生于深圳，它的前身是"丑小鸭魔法室"直播间，诞生于2017年1月12日。该直播间提出了共享名师概念，是由立志于教育信息化变革和倡导"公益教育"的特级教师发起倡议，并带领一批特级教师和一群具有公益之心的名优教师组建的信息化教学项目。2017年6月1日，该行动在深圳市教育发展基金会指导下正式成立"丑小鸭魔法公益共享学校"公益项目。至此，"丑小鸭魔法室"在国内首次提出"共享学校"的概念。该课题就是以这个案例的发展作为研究对象，探索中国共享学校的模式。

3. 文献综述

本课题主播队伍以特级教师和名师工作室主持人为主体，国内关于特级教师的研究比较少，特别是关于他们课程建设方面的研究也比较少。关于"名师共享"概念只是进行过报道，未作为课题进行深入研究。本课题主要对主播引领者特级教师的课程建设和对未来学校的认识进行现状综述。

（1）国外研究分析

课程建设在美国、英国、澳大利亚和加拿大等西方国家，一直代表着课程研究和课程开发的主流传统，体现着课程的主流价值观。学校在课程开发上具有较大的自主性，比较关注校本课程的研究和开发，比较重视学校和教师的参与，注重决策、方法、模型、模式、程序、评估等层面。国际课程论专家菲利浦·泰勒在《课程研究导论》一书中指出："课程是教育事业的核心，是教育运行的手段。没有课程，教育就没有了用以传达信息、表达意义、说明价值的媒介。"后现代主义课程理论创立者美国的多尔明确提出，为适应复杂多变的21世纪的需要，应构建一种具有开放性、整合性、变革性的新课程体系。他将统合性与分化性相对立，批评机械主义科学观将知识领域分解为各门学科分别加以研究的做法，指出这种方法只有置于相互作用的整体框架中才可能真实地解释现实。知识不再是对客观现实的简单反映，而成为对复杂多变的世界的解释。多尔还认为，实施一体化课程要在教师和学生之间建立一种新的关系。在这种新的关系中，教师不再作为知识的权威将预先组织的知识体系传递给学生，而要与学生共同探究知识。

关于未来教育，*The End of College*中讨论学校消亡的问题。朱永新先生在借鉴这本书后认为，学校正在走向消亡。或者说，传统的学校正在走向消亡。将由什么来替代它呢？替代它的将是学习中心。未来学习中心将有10个基本趋势：从学习中心的内在本质来说，它会走向个性化；从学习中心的外在形式来说，它会走向丰富化；从学习中心的时间来说，它会走向弹性化；从学习中心的内容来说，它会走向定制化；从学习中心的方式来说，它会走向混合化；从学习中心的教师来说，它会走向多元化；从学习中心的费用来说，它会走向双轨化；从学习中心的评价来说，它会走向过程化；从学习中心的机构来说，它会走向开放化；从学习中心的目标来说，它会走向幸福化。

《斯坦福大学社会创新评论》提出："如果没有颠覆以及不同信念或态度的取代，一种思维方式会保持不变。"High Tech High教育领导力学院院长Laura McBain在强调未来教育颠覆与创新时，提醒我们忽视了这样的一些公理：第一，学校教育和外部世界是隔离开的；第二，通过观察学生的能力，将学生进行分离；第三，手与脑的分离，以及不同学科的分离。这些是我们忽视的东西。除此之外，对于教育者则不应该进行分离，应该在职业发展过程中一边学习一边教学，而且教师之间要相互学习。在《新地平线》报告中，也对未来教育提出了六大趋势，即"重新思考传统学校、使用合作学习方式（互联网的全球学习概念）、向深度学习方式转变、从消费者到创造者、混合式学习方式（线上和线下学习混合）、STEAM学习的崛起"。

（2）国内研究分析

目前，我国关于研究共同体的研究相对薄弱，关于特级教师研究共同体的研究基本无人涉及。课程建设方面已经成为所有与教育相关部门研究的重点内容。

① 对特级教师的研究方面。就目前而言，对他们的关注主要集中表现为教育类杂志和报刊上刊载的一些个别介绍，特别是对他们的课堂教学进行了关注，但很多研究更关注教师的专业发展，没有从他们课堂教学行为中的某一点进行系统深入的研究。《青年教师》杂志2006年第6期中，江小华在《名师课堂教学实践带给我们的思考》中用于永正、窦桂梅和孙双金的课例分析了名师课堂中体现的新课程理念。于永正编写的《名师课堂教学经典细节》中对特级教师课堂教学各环节的细节做了汇总。浙江省特级教师协会在2014年出版的《特级教师论课程改革中的教师角色》收录了部分特级教师对课程改革中教师角色的专题论述，阐述了面对新课程，我们要努力改变观念，重新认识教师在教学过程中的地位和作用。西南大学硕士论文《高中英语特级教师的教学策略现状与研究——以重庆市为例》研究表明，特级教师在进行课程改革过程中有其重要的内在驱动作用，促进教学策略实施的最大化，表明了特级教师发挥的巨大作用。特级教师引领作用的发挥在各大媒体报道中更是屡见不鲜。北京清华附小窦桂梅的1+X课程建设、江苏沛县"封侯虎"课程建设、江苏常州特级教师庄慧芬的"创想课程"等，都体现了特级教师独创建设课程发挥的重要引领示范作用。

② 对课程建设方面的研究。目前直接针对特级教师研究共同体的研究未见成果性报道，但与课改相关的课程改革和教学策略研究较多。

教育是通过课程来发挥作用的，国外课程建设的研究比我们起步早，视野也开阔一些。我国新课程实施后，为了打破教材至上的传统教材观，各地也做了一些开发利用课程资源的探索。但这些研究有以下几个不足：一是引领者对课程建设的整体把握不准确；二是以学校为研究场域居多，精致度不够。吕达在《独木桥？阳关道？——未来中小学课程面面观》一书中提出中小学课程的三级管理构想，主张中央、地方和学校各司其职。廖哲勋在《课程学》一书中提出了类似的见解，主张按照等级结构构建全国中小学课程管理系统，全面发挥中央、地方和学校三级管理的积极性。崔相录在《今日发达国家教育改革导论》一书中，对学校一级的课程开发提出了自己的思考，认为课程开发应在中央、地方、学校三级管理中进行。本课题认为，学校是基础，教师是关键，而特级教师是关键中的关键。付建明在《教师与校本课程开发》中认为，学校教师是决定课程开发成败的重要因素之一，认为教师需要有课程意识与课程观念、课程知识与课程开发的能力、参与意识和合作精神、行动研究的意识和能力这四个方面的准备，才能进行有效的课程建设。特级教师作为教师队伍中对教育把握较准确的人群，他们在课程建设中不仅能很好地起到引领作用，更能不断总结反思自身的课程建设，凸显自身的教育思想特质。

通过对以上论文论著的研究，我们不难发现：特级教师在课程建设中的作用日益受到关注，但大量的研究并没有根据特级教师的特殊情况来进行理论分析和调查研究，也未将特级教师群体形成一个合力，没有以研究共同体的方式来推动教育改革，所以区域特级教师研究共同体课程建设的研究不仅具有实用性和可操作性，更具有开拓性。

肖远骑教授认为，未来，独立的教师群体将会崛起，一大批"身怀绝技"、具有冒险精神、善于运用互联网手段进行教学的优秀教师会从公办学校走出来，以个性化的教学方式来扩大教育供给，推动线上教育乃至整个教育行业的转型升级。未来学校将会成立更多的课程中心、学习中心、资源中心。所有学校在更加开放的环境里，通过线上线下相结合的方式，采用O2O模式办学，让学生走出课堂、走进社会，享受社会上优秀的教育资源。凯文·凯利指出："把最不可能共享的资源实现共享，这就是未来最大的机会。"未来学校，学生的学习场所不再固定，随着课程的不同，既可以在教室，也可以在社区、科技馆和企业，甚至还可以去不同城市游学。而学校本部则更多是提供学习环境、成长导师以及富有特色的校本课程。最终，学校将突破校园的界限，任何可以实现高质量学习的地方都是学校。

关于"未来教育"的研究实践层面比较少，理念和预测方面谈得比较多。芬兰的高品质教育一直领跑全球，国人对芬兰最初的了解可以说源于其教育在国际上的优异表现。中国教育科学研究院和芬兰芬中教育协会自2014年起已建立良好的合作关系，并开展了一系列合作研究和实践活动，互通有无，致力于把芬兰理念和中国实践深入融合，更好地推动我国教育教学改革创新！本课题研究的内容——开放的直播课程就包括探索芬兰的主题学习、现象学习等。芬兰的未来教育强调打破科目和教室的界限。我国不少先行先试的学校已经取得了阶段性的成果，纷纷加入共享的行列中。

目前也有一些学校开设了网络课程，但辐射面有限，不能做到全球直播，且投入成本较高，不利于普及。尽管本课题的直播平台使用便捷、成本投入低、易于推广，但国内的慕课平台上传的精品课即时性不强。

4. 研究目标及内容

（1）共享中心项目建设研究

通过共享中心建设，探索教育均衡化实施的环境建设功能。

（2）共享名师队伍建设研究

通过引导名师参与教育信息化环境建设，提高名特优教师的影响力与使命感，不断引领名特优教师挖掘自身优势，整理自己的教育思想，使这支高端队伍更符合时代特征，真正发挥整个教育改革的带头人作用。

共享名师队伍建设初期以珠三角和长三角两个区域的政府授予的名特优教师为主体，充分体现教育开放区域和教育文化区域的强强联手效应。

"丑小鸭魔法公益共享学校"将进一步引导"魔法师"的自我成长，通过反复回看自己直播的开放课程，与线下线上学生互动，反思自己的教育教学，提升自身的教学水平，将每位教师打造成有独特教育思想、独特教育魅力的优秀教育工作者，为名师共享发展提供最优质的资源保证。

（3）共享课程设计和实施研究

通过对课程的设计和实施研究发现网络课程与常规线下课程的差异，根据未来人才的需求进行各种量化式课程的开发，以丰富国家课程体系，实现核心素养的落实。

课程建设根据授课对象不同，分为不同学段学生课程、家长课程和主播培训课程。

课程建设根据内容分为基础常态类课程（国家规定的常规基础课程）、潜能开发类课程（艺体、科技、融合类课程）和创新类课程（台风课程、631自主招考课程、研学课程等）。

课程建设根据形式不同分为全球直播公益课程（有网络均能看到），非开放的互动灵活课程（手拉手学校、扶持教育薄弱地区课程）和个性量化VIP中心课程（服务于积极参与公益事业人群子女，当地高层次人才子女和为社会发展做出积极贡献的人群子女）。

课程建设根据主播成长程度分为品牌课程、系列课程和专题课程。将聘请各界专家不断对新研发的课程进行论证和指导，提升课程品质，引领中国教育未来的发展。

本研究还增设智能机器人的辅助教学，这在国内外教育领域尚属首次。

5. 研究程序

共享学校教学强调教育唤醒功能，将方法获得、情感价值观培养和自我教育的意识唤醒作为主要的教育任务。本研究以行动研究法，历时3年，对共享教育进行了落地实践和研究。

"丑小鸭魔法公益共享学校"诞生于2017年1月12日，同年3月首先提出了"共享名师"概念，5月提出"共享中心"概念，6月将"共享名师"与"共享中心"组合，即"共享学校"新教育概念的雏形，由立志于教育信息化变革和倡导公益教育的特级教师发起倡议。

多屏互动直播与过去通过光纤让城市和乡村学校对接的模式相似，但所投入的经济成本为其十分之一，不再是一对一个班级，可以同时实现一对八个班级教学。

单项直播是共享学校的主推内容。通过名师真实、及时的直播，可以同时辅助上万名学生的线上同步学习，加上线下教师的适当辅助教学，能让所有参与学生享受全国最优质的教育资源。

共享中心即直播间设立地点，可以是学校，也可以是社区。优质师资在双休日增设的课程可以帮助任何到共享中心进行学习的学生，不受学校、年级的限制。

"丑小鸭魔法公益共享学校"课程分类

课程分类依据	课程名称		
授课对象不同	学生课程	家长课程	主播培训课程
教学内容不同	基础常态类课程（国家规定的常规基础课程）	潜能开发类课程（艺体、科技、融合类课程）	创新类课程（台风课程、631自主招考课程、研学课程等）
接收形式不同	全球直播公益课程（有网络均能看到）	非开放的互动灵活课程（手拉手学校、扶持教育薄弱地区课程）	个性量化VIP中心课程（服务于积极参与公益事业人群子女，当地高层次人才子女和为社会发展做出积极贡献的人群子女）
主播成长度不同	品牌课程（每周一次以上）	系列课程（每月一次以上）	专题课程（每学期一次以上）

"丑小鸭魔法公益共享学校"2017—2018年课程设置

课程	内容
主题课程	小学、初中5个主题，80节课。1.0版首期开设《数学豆豆园》《初三积极数学》《太阳校长讲故事》《张大帅讲汉字》《太阳校长讲连环画》
个性课程	以幼儿园、小学、初中、高中特级教师为主体的个性需求课程，本学期开设学科类课
家长课程	首期开设15年段的8节课
灵活课程	不全球开放，定点互动直播，不限课程体系，首期开放线下基地小学全课程常态课堂
台风课程	台风期间课程，针对台风期间上课受影响地区

续表

课程	内容
4：30课程	针对小学4：30放学后在公益点活动期间的课程，周一到周五，分为戏剧、艺术、科技、双语阅读等开放性课程，首期仅对深圳学生开放
新创课程	首期开设"魔法师"培训课程、中考自主招考指引、631高考指引等
游历课程	直播学生在教学时间和寒暑假走向生活的学习过程，目前设"畅游世界"和"美丽中国"系列内容

"丑小鸭魔法公益共享学校"2019—2020年升级课程设置

课程	内容
1	学生课标系列课程
2	家校课程
3	中华传统课程
4	智慧启迪课程
5	爱国课程

优秀的师资是实现未来学校教育的基本保障。"丑小鸭魔法公益共享学校"的师资主体就是名师和其领导的工作室的成员。目前，主播队伍百余人，由幼儿园、小学、初中、高中教师组成，基本涵盖了所有学科。主播教师地域占比情况如下：福田区福民小学占比9%，福田区特级教师占比14%，福田名教师占比38%，南山、罗湖、龙岗等区名特优教师占比18%、广东省其他城市名特优教师占比11%，北京、黑龙江、江苏、河南等外省市名特优教师占比10%。目前还有陆续报名参加的名特优教师。

— 186 —

6. 结论

"丑小鸭魔法公益共享学校"历经3年，发展了66个固定和移动的共享中心，在深圳和北京有3个核心线下基地，成为课程孵化基地，会集了100多名全国公立学校的特级教师和广东省名师。

（1）共享学校与教育不均衡问题

中国教育的问题之一：教育不均衡问题日益凸显。

这种不均衡从国家层面来看，就是各地域之间的教育不均衡，如东西部、南北部的教育差距，教育强省与弱省的教育差距，于是国家通过各种方式缩小这种差距。例如，建立手拉手姊妹学校；鼓励刚毕业的师范生投入教育薄弱地区进行教育补给；通过政策的制定，要求或鼓励优秀教师到教育薄弱地区工作；等等。

互联网时代的到来和教育信息化确实为解决教育不均衡问题、实现教育均衡化提出了良策，但在推进的过程中遇到教育者理念保守、外部硬件环境不健全、教育信息类企业良莠不齐、信息化投入资金成本高等阻力，一度让信息化进入教育领域的进程走走停停。

"丑小鸭魔法公益共享学校"的诞生，以极低的教育投入、极高的教育产出，在快速化解着教育不均衡的问题。

教育部倡导一课一优师计划，建立平台给全国学生分享优秀教师的课例，不得不说是为实现教育均衡化做了相当大的努力。类似这样的网络优质平台也不少，笔者也参与了类似这样的计划。在比较中，发现共享学校有其独特的存在价值与优势。

原有网络教学平台与"丑小鸭魔法公益共享学校"比较

比较内容	网络优质课平台建设计划	共享学校平台计划
目的	实现优秀师资的课例分享	实现名特优教师的全方位最大化分享
师资状态	骨干师资（被动参与+主动参与）	政府已经授予称号的名特优教师（主动参与）

比较内容	网络优质课平台建设计划	共享学校平台计划
课程设计	主动参与属于团队精心设计打磨过的，被动参与为任务完成式的	多年教学思想与行为的统一，尽力表达完美
课程系列	自上而下，可以一次性涵盖全部年段与学科	主动设计，自下而上，逐步涵盖全部年段与学科
课程时长	按课程长度规定计算	让教育者成为主人，根据教学内容和授课群体的特质决定时长
及时性	经过市、省、部多重评审，确定一年后再放入平台点播	当时最新的教学现状、教学思考和教学资源
真实性	多次打磨，反复雕琢，视频中呈现的师生均有"被设计"的痕迹	为最真实的师生成长状态，是最纯粹的生命课堂
投入成本	设备费、拍摄费、制作费、评审费、管理费等，一节课的成本万元以上	投入成本不及前者十分之一
出产量	全国汇总总量多，但单个个体产量少	单个个体产量多，随共享名师的增加，总量会越来越多
总体状态	年度集中化	日常常态化

共享学校的创办，一方面是希望对教育薄弱地区进行教育快速补给；另一方面，希望通过建立平台，对教育薄弱的地方进行长期持久的帮助。

教育发展不均衡的问题，不是一朝一夕可以改变的，唯有坚持，才能让这种差距不断缩小。共享学校是属于中国所有学生的学校，教育资源均衡问题得到化解是中国人整体素质提升的关键问题，是对未来民族发展培养大量优秀人才的期许。

（2）共享学校与家庭教育

中国教育的问题之二：焦虑型家长对教育的负面影响。

当今人们对教育越来越高度关注，伴随而来的是对教育满意度的质疑，特别是有些家长不断放大当前教学中出现的种种负面评价和弊端，把复杂的社会原因也加入对教育的不满中来，导致一部分家长对孩子的教育焦虑不断升级。有些家长选择海外留学或者不断把孩子送到各类补习班，甚至开始用非专业的眼光来对学校教育指手画脚，以此缓解自己的教育焦虑。殊不知最好的教育是最适合个体成长的教育，最温暖的教育是家校合作型的教育。

人类思想的进步总是在痛苦中突破的，家长们也一样，有些焦虑过后，善于学习型的家长也开始不断增加、日益觉醒。面对他们对一流教育的渴求，"共享学校"的诞生无疑是提供了一种高级别的公益服务。把孩子从各类辅导班中拉出来，让学生在学校或者在家中，就能享受到最棒的老师、最优质的课堂。

"共享学校"课程开播以来获得了无数家长的认可，如特级教师设计的"张大帅讲汉字"品牌课程，深受老、中、青年人群的喜爱；名师设计的"数学豆豆园"品牌课程，将数学与历史、政治、人文等进行融合，每周短短15分钟，收获低年段粉丝无数；名师设计的初三品牌课程"积极数学"，帮助中考学子以全新的思维应对人生的一场考验；在台风来袭期间，学生均可足不出户在家享受"台风课程"；家庭教育直播课堂更给了家长化解焦虑的"良方"，这项探索获得了家长的高度好评。

另外，随着直播技术的成熟，另几种教育实践的"副产品"被我们发现。深圳是移民城市，很多孩子的外公、外婆、爷爷、奶奶并未随迁，通过直播不仅这些亲人，连孩子的远方亲人关注孩子成长的好奇心也得到了满足；在农村学校直播，孩子都是留守儿童，他们在城里打工的父母能看到孩子的学习情况，深感欣慰；不仅如此，学生转学了，出国了，若依然想享受原来学校的某些课程，通过直播，这一切都能实现。共享学校成立半年以来，上课量达到上千节,点击量逾百万,孩子和家长受益最大,家长带领着孩子成为该公益项目的代言人。

(3)共享学校与教育的可持续发展

中国教育的问题之三:中国教育权威在这个时代最为无力。

为什么教育权威在社会上失语?其中一个原因是我们倡导的教育本质在以分数为主导的评价面前不堪一击。事实上,不是我们引领的教育本质出现了偏差,而是当今的评价出现了问题。

只有评价回归教育的正途,教育者才有话语权恢复的可能。在这条艰辛的道路上,坚持的人不多,但依然有,"丑小鸭魔法公益共享学校"就是这样一群人的精神家园和成长的新舞台。

四、共享学校公众号

（了解更多信息及查看往期课程详见公众号"丑小鸭魔法室"）

公众号"丑小鸭魔法室"

　　在公众号搜索"丑小鸭魔法室"，关注后进入直播间观看，或者扫描二维码直接进入直播间。公众号里还有以往直播内容回看，除了幼儿园至高中阶段的各学科课程，还有中考考前心理辅导课、高考考前心理辅导课、高考自主招考面试辅导课，也有指导教师线上教育的14集技能辅导，以及专门为家长群体开设的家庭教育案例现场分析辅导课等。

荣誉证书

会务手册

参 考 文 献

［1］常博逸.孔子与机器人［M］.深圳：海天出版社，2017.

［2］陈新亚，李艳新.《2020地平线报告：教与学版》的解读及思
    考——疫情之下高等教育面临的挑战与变革［J］.远程教育杂
    志，2020，38（2）：3-16.

［3］崔相录.今日发达国家教育改革导论［M］.北京：教育科学出
    版社，1992.

［4］凡文吉，袁磊.高等教育技术的发展趋势探析与应用思考——
    基于对2015—2020年《地平线报告》的研究与分析［J］.现代
    教育技术，2020（4）：25-31.

［5］菲利普·泰洛克，丹·加德纳.超预测［M］.北京：中信出版
    社，2016.

［6］菲利浦·泰勒.课程研究导论［M］.北京：春秋出版社，1989.

［7］傅建明.教师与校本课程开发［J］.教育研究，2001，22
    （7），56-60.

［8］弗雷德·考夫曼.清醒［M］.北京：中信出版社，2017.

［9］凯文·凯利.未来世界的五个趋势［J］.企业文化，2019：2，6.

［10］凯文·凯里.大学的终结：泛在大学与高等教育革命［M］.
    北京：人民邮电出版社，2017.

［11］李文辉.面向未来的课程：机遇与挑战——基础教育课程改
    革与创新国际研讨会综述［J］.基础教育课程，2020（1）：
    6-15.

［12］廖哲勋.课程学［M］.武汉：华中师范大学出版社，1991.

［13］林绍良.生活世界是课堂教学的源泉——美术课堂教学生活化问题探微［J］中国美术教育，2003（3）：117-119.

［14］刘雯静."玩"出来的美术课：谈小学美术游戏教学运用［J］.美术教育研究，2018（8）：111.

［15］刘旭相.高中英语特级教师的教学策略实施现状与研究——以重庆市为例［D］.重庆：西南大学，2010.

［16］卢子洲.国际互联网上，教育科研信息的搜集与评估［J］.教育研究与实验，2000（1）：19-24.

［17］吕达.独木桥？阳关道？——未来中小学课程面面观［M］.北京：中信出版社，1991.

［18］迈克尔·塞勒.移动浪潮［M］.北京：中信出版社，2013.

［19］纳西姆·尼古拉斯·塔勒布.黑天鹅［M］.北京：中信出版社，2019.

［20］让-路易·鲁瓦.全球文化大变局［M］.深圳：海天出版社，2016.

［21］斯坦福社会创新评论编辑部.斯坦福社会创新评论［M］.北京：中信出版社，2018.

［22］王奕婷，吴刚平.芬兰基于跨学科素养的基础教育课程改革与启示［J］.教育理论与实践，2019（2）：40-43.

［23］席梅红.力求卓越：芬兰教师教育经验借鉴［J］.高教探索，2018（4）：52-56.

［24］肖远骑.未来学校与未来课程［J］.教育家，2017（20）：14-17.

［25］于永正.名师课堂教学经典细节［M］.南京：江苏人民出版社，2007.

［26］张晓华.名师课堂教学实践带给我们的思考［J］.青年教师，

2006：6，36-38.

［27］浙江省特级教师协会.特级教师论课程改革中的教师角色
　　　［M］.杭州：浙江教育出版社，2004.

［28］朱永新.教育的方向：朱永新教育网事录［M］.太原：山西
　　　教育出版社，2014.

［29］Laura McBain. HTH：项目式学习17年［J］.时代教育，2017
　　　（7）：118-121.